大学生のための速読法

読むことのつらさから解放される

松崎久純

慶應義塾大学出版会

はじめに

　本書は、速読の手順を解説し、大学生あるいは大学院生として接する文献（本、講義の配布資料、新聞記事、論文など）を読むのに役立てる具体的な方法を紹介するものである。
　私は長年の間、大学での教育にたずさわっているが、大学生（および大学院生、以下「大学生」には大学院生という意味も含む）にとっての速読のニーズは、実に大きいように見受けられる。必ずしも、速く読むことが求められているというよりは、「もっとたくさん読みたい」と思っている学生が多いというほうが的確かもしれない。
　どうやら、読みたい、あるいは読まなくてはならない文献の量に対して、実際に読めている量が少なく、どうにも追い付けないと感じている学生が多いようなのだ。
　速読というと、やたらと読む速度にこだわり、目をぐるぐる動かして読むような、いわばマニアックな印象を持つ人も多いようだが、本書で紹介する速読法は、読むスピードにこだわっているというよりも、確実に「しっかり読める力」を養うためのものである。
　「文章を読んでポイントを探すこと」を難なくできるようになれば、それをする速度を上げていくのは難しくないのである。
　もっと読みたいと感じている学生諸君は、ぜひ本書で紹介する方法を身に付け、学生生活に役立ててほしい。しっかりと読めることは、卒業して職に就いてからも、確固たるスキルとして自分を支える強い見方になってくれるだろう。

　速読法を学ぶときには、単純にテクニックを取り入れようとする

のではなく、なぜ今思うように読めないのかを考えてみる必要がある。もともと多くの人にとって、「読むことには苦痛が伴う」ものなのである。その苦痛を取り除くことができれば、読むことはつらいことではなくなり、しっかりと速く読むことができるようになるのである。

　速読は、つらいのを我慢（がまん）しながらすることではなく、ラクに行なっていくものなのだ。したがって、読むときの苦痛と別れることが非常に重要になってくる。

　本書は第1章で、このような「速読についての考え方」を述べている。速読を学ぶにあたっては、この考え方をよく理解しておくことが大切である。

　そして第2章では、その考え方を具体的な速読の手順としてまとめた「リーディングハニー6つのステップ」を紹介している。ここでは300ページ弱くらいまでの本を読むことを想定して、解説を行なっている。速読で具体的に行なうことは、この6つのステップである。

　第3章では「実践応用編」として、6つのステップを使って、講義の配布資料、新聞記事、就職活動に関する本、論文、学術書などを読む際の手順や注意点について考察している。

> 　本書で紹介する速読法の名前は「リーディングハニー」であり、その具体的な手順が「リーディングハニー6つのステップ」（pp.80-81に一覧表あり）である。

　このたび大学生に向けて速読法を紹介するのは、大学生の読書力はもっと高めることができ、また、そうしなくてはいけないと感じているからである。

　これまで複数の大学で授業を受け持ってきたが、課題図書を指定

したり、資料を配布しておいても、きちんと読んでくる学生は少ないのである。これは私が担当する授業だけで見受けられることではないようだ。

　その結果として、学生が事前に読んでくることを想定した授業を行なうのは難しい。数冊の課題図書を読んできた学生をグループに分けてディスカッションをさせるといった、米国のビジネススクールのような授業は成り立たないのである。

　その代わりに多くの教員は、スライドを前に映して、それを解説していく。つまり、学生が読んでこれないために、教員がポイントを書いたスライドを見せて説明していくのだ。その間、学生は座って聞いているだけである。私は常々、これは学生にとってテレビを見ているのと同じ状態だと思っている。

　学生は子供の頃から、学習塾などで試験に出るポイントを教えてもらっている。自分で読んで探す必要がないために、読んでポイントを探す訓練をしていない。本来は、本を読んで理解する力を身に付けることは、彼らにとってそれほど難しいことではないはずだが、その力が弱いまま大学生になり、大学でも読めないまま過ごしているように見えるのである。

　学生が卒業してから勤める会社でも、同じことが行われているように見える。長時間に及ぶ会議が開かれる。なぜ時間が長いかというと、会議の資料が配布されるが、社員たちの「読んで理解する力」が弱いために、資料を書いた本人たちが、延々と読み上げて説明をしているからだ。これは働いているようには見えるが、とても生産的とはいえない。

　このように読書力の不足から生じる決して好ましいといえない現象は、案外多く見受けられるものである。このような状況の改善に役立ちたいと思い、本書では大学生に向けて、読む力を養う方法を丁寧に解説したつもりである。本書が学生諸君の参考になることを

願う次第である。

　慶應義塾大学大学院システムデザイン・マネジメント研究科教授の当麻哲哉先生には、本書の出版に際して快くお力添えをいただきました。あらためて感謝申し上げます。

2017年2月
松崎久純

目次

はじめに 003

第1章　速読とは ———————— 011

1.1　速読を身に付けるにあたって　012

 1.1.1　スキルを身に付ける
   ——原則、バックグラウンド、How to　012

 1.1.2　速読の定義　016

 1.1.3　速読法のタイプとリーディングハニー　018

1.2　速読についての考え方　019

 1.2.1　読むスキル「4つのステージ」　019

 1.2.2　なぜ読むことは苦痛になるのか　023

 1.2.3　「一字一句はじめから」以外の読み方が必要　026

 1.2.4　「何の話か理解できている状態」とは　027

 1.2.5　「何の話か理解できている状態」は、
   どうつくり上げるのか　030

 1.2.6　本から探し出す2種類のポイント
   ——「自分にとって大切なポイント」と「著者の述べるポイント」　033

 1.2.7　ポイントを上手に見つけるには　035

 1.2.8　難解な本を手に取ったときには　037

●コラム1　大学生の速読メリット
  ——授業、試験、研究、論文執筆のために　040

第2章　リーディングハニー6つのステップ —— 043

2.1　ステップ1「プレビュー」(3〜5分)　044

2.2　ステップ2「オーバービュー」(10分)　050

2.3　ステップ3「スキミング1」(10〜15分)　054

2.4　ステップ4「スキミング2」(10〜15分)　062

2.5　ステップ5「スピードリーディング」(30〜40分)　068

2.6　ステップ6「レビュー」(10分)　074

2.7　プラスアルファのアドバイス　076

「リーディングハニー6つのステップ」一覧表　080

●コラム2　「リーディングハニー6つのステップ」を学んだらやってみたい
　　　——手に取った本が、その分野全体のどこに位置する本なのかを知る　082

第3章　実践応用編 —— 085

3.1　講義の配布資料を読む　086

3.2　ネットからプリントした記事を読む　091

3.3　新聞記事を読む　098

　　3.3.1　新聞全体を見て、読む記事を選ぶ　098

　　3.3.2　選んだ記事を読む　100

3.4　就職活動に関する本を読む　105

3.5　論文を読む　109

3.6　学術書／専門書を読む　116

- ●コラム3　両方とも読みこなしたい
　　　　──「専攻科目あるいは基礎知識を持った分野の本」と
　　　　「基礎知識も興味もない分野の本」　*119*
- ●コラム4　上手に使い分ける
　　　　──6つのステップで読むときと、文学作品を楽しみながら読むとき　*122*

本の各部分の名称　*124*
リーディングハニーについて／著者紹介　*126*

第 *1* 章
速読とは

・・・・・・・・・・・・・・・・・・・・・・・・・・・・・・

　本章では、1.1節「速読を身に付けるにあたって」において、速読法を身に付けるにあたり前提として知っておくべき事柄について説明し、1.2節「速読についての考え方」において、具体的な速読の手順である「リーディングハニー6つのステップ」（一覧表はpp.80-81に掲載）が、どんな考え方に基づいてできているかを考察していく。この考え方をよく理解しておくことが、「リーディングハニー6つのステップ」を実践するにあたって、たいへん重要なのである。

　1.1　速読を身に付けるにあたって
　1.2　速読についての考え方

1.1
速読を身に付けるにあたって

1.1.1 スキルを身に付ける
──原則、バックグラウンド、How to

　はじめに次の説明をしておきたい。

　速読できるようになることは、「スキルを身に付ける」ことを意味する。本書では、「リーディングハニー6つのステップ」による速読のスキルを学ぶが、他の速読法を学ぶ場合であっても、それが「スキルを身に付ける」ことであるのに変わりはない。

　次の図1を参照してほしい。図に登場する「原則」、「バックグラウンド」、「How to」について理解しておきたい。これは速読に限

図1　原則、バックグラウンド、How to

らず、あらゆるスキルを身に付ける上で、あるいはノウハウや手法を取り入れて活用する上で、重要なことだからである。

「原則」とは、ノウハウが取りまとめられ、お手本とみなされているものである。本書で紹介する「原則」は、「リーディングハニー6つのステップ」である。pp.80-81に掲載されているのが、それを一覧表にしたものだ。

「バックグラウンド」とは、原則である「リーディングハニー6つのステップ」が存在している理由である。バックグラウンドは、なぜこれらのステップが存在しており、それぞれのステップがなぜ大事なのかを説明するものである。

原則とバックグラウンドを理解するために、1つ他の例を挙げてみたい。著者の他の専門分野から1つ選ぶと、工場管理手法の「5S（整理・整頓・清掃・清潔・しつけ）」は原則と呼べるものである。5Sは、製造品質を高め、コストを削減し、納期を短縮し、さらには安全の基準を高めるノウハウを取りまとめたものである。

バックグラウンドは、5Sが存在する理由である。バックグラウンドは、なぜ整理・整頓・清掃・清潔・しつけというコンセプトが存在し、それらがなぜ必要とされているのかを説明するものである。

ここで注意すべき点が、世の中には5Sのように、人々や組織に受け入れられている原則が数多く存在するが、原則とバックグラウンドを学べば、誰もがそれらを活用し、効果を見出せるのかというと、実はそうではないことだ。

従業員がそれらを学びさえすれば、工場で定着させられるのかといえば、決してそうではないのである。

他の例として、速読法と似た、たとえばノート術、語学習得ノウハウ、速記法などがある。これらの原則とバックグラウンドを学べば、誰でもマスターして使いこなせるようになるのだろうか。そん

なことはないとわかるだろう。

　なぜ原則とバックグラウンドを学んでも、それをモノにして役立たせたり、組織の中で実施できないことがあるのだろうか。

　それは、原則とバックグラウンドを学び、きちんと理解できたとしても、学んだことを自分（あるいは自分たち）で再現できない理由や状況が存在することが往々にしてあるからだ。

　たとえば5Sを工場に導入するときには、どんなことが起こりえるだろうか。

　数人のやる気のある従業員が5Sについて学び、自社工場で取り組もうとした場合、まずは他の従業員にも5Sを知ってもらおうと考えるだろうが、すべての従業員が積極的に賛同してくれるわけではないかもしれない。

　そのため、役員に依頼してトップダウンで5S活動を推進するよう手はずを整えたが、一部に活動に反対する人たちが現われはじめた。中には協力的な人たちもいて、彼らは活動に参加したいというが、その多くは日常業務に追われて手一杯の状態だ。

　最も頼りにしていた管理職者は、転勤でいなくなってしまった。他に期待できそうな若手の人材は、周囲からの人望もあるが、他に何かの資格を取得するよう上司から指示を受けたようで、そちらに一生懸命になってしまっている。

　どんな組織でもこのような状態になることは多いため、5Sの原則とバックグラウンドを学んだ従業員がいても、自社工場での活動は、思い通りには進みにくくなるのである。

　会社に勤めるとわかるものだが、こうした状況というのは、特段めずらしいものではない。むしろいつでも思うように物事が進むのなら、誰も苦労はしないだろう。

　原則とバックグラウンドを学んでも、それを導入して効果を生み出すのは、もともと簡単なことではない。多くの場合、それはたい

へんに難しいことなのである。

　これは、私たち個人が速読法のような原則とそのバックグランドを学んで、自分のために活かそうとする場合でも同じである。

　原則とバックグラウンドについて理解できたとしても、何らかの理由で練習を行なうことができなかったり、他に時間を割くべきことができたりして、結局のところ身に付かないことは多い。

　そのため、原則とバックグラウンドを学ぶまでは上手くいっても、日々の現実的な環境において、実践して効果を得られるかどうかは別のことだと知っておく必要がある。

　私たちは、学んだ原則を実践して、成果を導き出す必要がある。そして、それをどのように実践し、成果を導き出すか——そのノウハウが「How to」である。

　How to とは、原則（本書で紹介している原則は「リーディングハニー6つのステップ」）を実践し、役立たせる方法、ノウハウのことなのである。

　まずは、この「原則」「バックグラウンド」「How to」の3つが存在していること、速読法を身に付けるためには、これらを3つとも押さえる必要があることを理解してほしい。

　スキルを身に付けるのが難しくなることがあれば、これら3つのうちのどれかが欠けているのではないかと疑うことができる。原則やバックグラウンドに対する理解が足りない、あるいは How to の部分が上手く進んでいない、といった探り方ができるものだ。

　たとえば「早起きは三文の徳」（原則）と聞いて、なぜそうするとよいのかという理由（バックグラウンド）にも納得し、実際に早起きをしたいと思っても、なかなかそれを続けられないのは、How to（＝実際の生活の中で、どうすれば早起きを継続できるのか）がわからないからである。

速読のスキルを身に付けたい人たちは、ぜひ、原則、バックグラウンド、How to のそれぞれを意識してほしい。

　本書では、まず本章（第1章）の1.2節で「速読についての考え方」（＝バックグラウンド）を説明していく。なぜ「リーディングハニー6つのステップ」という原則があるのか、この原則がどんな考えに基づいてつくられているのかを考察してみる。

　そして、第2章では、その原則である「リーディングハニー6つのステップ」を解説する。

　第2章の終わり（2.7節）にある「プラスアルファのアドバイス」、および第3章は、How to に該当する事柄である。「リーディングハニー6つのステップ」で本を読むときの注意点や、大学生として読むことになるであろう文献等に活用するときの具体的な手順を説明している。各章末のコラムにも How to に関連した事柄は登場するので、合わせて参照してほしい。

1.1.2 ｜ 速読の定義

　ここで「速読」という言葉を定義しておきたい。速読という言葉の意味は、辞書には、次のように記されている。

- 「文章を速く読むこと」（三省堂 Web Dictionary）
- 「本などの文章を普通より速く読むこと」（大辞林 第三版）

　リーディングハニーでは、これをもう少し具体的に定義してみたい。次がリーディングハニーによる速読の定義である。

　「速読」とは、

文書の全体像を捉え、
　　↓

何について書かれている文書なのかを把握し、
　↓
自分にとって大切なポイント、または
　↓
書き手の述べるポイントを
　↓
すばやく読み取ること。

これを「本を速読すること」として定義すると、次のようになる。「本を速読する」とは、

本の全体像を捉え、
　↓
何について書かれている本なのかを把握し、
　↓
自分にとって大切なポイント、または
　↓
書き手の述べるポイントを
　↓
すばやく読み取ること。

　リーディングハニーでは、「全体を捉えてから、ポイントを読み取る」というのが、考え方の基本にある。その考え方の詳細は、本章の1.2節で考察していくことになる。また、定義の中の「すばやく」が、具体的にどのくらいの速さなのかは、第2章で紹介する「リーディングハニー6つのステップ」の中で説明していく。

1.1.3 速読法のタイプとリーディングハニー

　ここでは、速読法には、どんなタイプのものがあり、リーディングハニーは、そのうちのどれに当てはまるのかを説明しておきたい。
　速読法は、大きく３つのタイプに分けることができる。
　１つ目は、目を速く動かす、あるいは目の動かし方にルールを設けるタイプのものである。ストップウォッチで時間を計りながら、時間内にできるだけ多くの文字を読む訓練をするようなイメージのものだ。
　２つ目は、右脳の働きを活用することを特徴としたタイプのものである。右脳を使って（という説明がなされ）、文章を文字ではなく、図やイメージ（像）として捉えるといった手法などが用いられる。
　３つ目は、読み方に工夫を加えることで、すばやく必要な情報を読み取っていく方法で、リーディングハニーは、この３つ目に分類できるものである。
　これまでに何らかの速読法を試したことがあり、その方法に抵抗を感じたことがあるような場合には、その速読法が、これらのうちどれであったかを思い出し、他のタイプのものを試してみるといいだろう。単純にそのタイプのものが自分に合わないことはあるもので、他のタイプのものならしっくりくることは有り得るのである。

1.2 速読についての考え方

　ここからは、具体的な速読の手順である「リーディングハニー6つのステップ」（一覧表はpp.80-81に掲載）が、どんな考え方に基づいてできているかを説明していきたい。

　なぜこのような6つのステップがあり、それぞれが何をするためにあるのかを理解しておくのは実に重要である。それらを理解することにより、なぜ速読の手順がこうなるのか、納得した上でステップを踏んでいくことができる。

1.2.1 読むスキル「4つのステージ」

　はじめに説明しておきたいが、私たちが到達しようとしているのは、「読むスキル『4つのステージ』」のステージ4である。それは「どんな本でも日常的にすばやく読める」状態である（表1）。

表1　読むスキル「4つのステージ」

ステージ4	どんな本でも日常的にすばやく読める
ステージ3	新聞記事、雑誌記事が読める 気が向いたときには、簡単な本が読める
ステージ2	短い文が読める（スマートフォンの画面、Eメールなど）
ステージ1	文字が読める

どんな本でもというところに注目してほしい。
　4つあるステージのうち、ステージ1は、文章を読んでその意味を捉えられるというよりも、たとえば道路標識に「止まれ」と表示された言葉の意味が、コンビニの入り口に「夜勤スタッフ募集中」とあれば、それが伝えていることの意味がわかるというイメージである。
　ステージ2は、複数のセンテンスが使われた文章だが、スマートフォンの画面に表示されるネットニュースの見出しと、それに続く文章程度の長さのものをイメージしてほしい。ステージ3にある新聞記事をある程度ダイジェストしたような分量のものである。Eメールの文章も、（たとえば箇条書きで）読みやすくまとめたものをイメージしている。
　ステージ3は、新聞記事や雑誌記事の中でも、比較的読みやすいものをイメージしてほしい。そして「簡単な本」というのは、主に自分が内容に感心を持っている本、自分の専門分野の本のことである。
　ステージ4のどんな本でもというのは、ステージ3にあったものとは違う、特別に感心のない新聞や雑誌の記事、特に感心を持っていないが読まなくてはいけない本、自分の専門分野以外の本などのことである。
　ステージ2と3の間や、ステージ3と4の間は、随分とかけ離れていると感じる人もいるかもしれないが、リーディングハニーでは、はっきりとした区別をするために、「読むスキル」のステージをあえてこのように4つに分類している。
　さあ、自分はどのステージにいるのか考えてみよう。たとえばステージ2と3の間という答えになっても構わないので、一度自覚してみることが必要である。
　著者の私の場合は、高校時代には、好きな小説や音楽雑誌は一日

にどれだけでも読めたのに、歴史の教科書は1ページも読み進むことができなかった。これはステージ3にいて、ステージ4からは遠い状態である。

　<u>どのステージにいるのか自覚できたら、なぜその1つ上のステージにいないのかを考えてみよう。あるいは、ステージ4にいないとしたら、なぜそうなのか。</u>

　それは、1つ上のステージ、あるいは、ステージ4の文章に取り組むことには、<u>苦痛を伴うからである。</u>
　私たちは、ステージ1から2へは、苦痛というほどのものは感じることなく上がったはずである。おそらく多くの人が、子供の頃に、小学校の授業などを受けつつ、ほとんど自然に短い文は読めるようになったのではないだろうか。その後、ローティーンからハイティーンになるにつれ、ある程度の長さの文章にも慣れていったはずである。
　しかし、ステージ2から3へ上がるに際しては、ステージ1から2へ上がったときよりも練習が必要になる。そして、すべての人がステージ3へ上がっていくわけではない。
　ステージ3から4へ上がるときも、やはり練習は必要になるが、この段階では十分に大人と呼べる年齢になっていても、とっくに学生から社会人になっている人たちであっても、上がることのできない人が多くいる。
　なぜこのようにステージ2からは、次のステージへ上がっていくのが容易でないことがあるかというと、ステージ2と3、ステージ3と4は、いずれも「つながっていない」からである。
　それはステージ2の文章を読んでいても、それだけではステージ3には上がっていけないことを意味している。これはスマートフォンの画面に表示される短い文を読んでいても、新聞記事を読みこな

1.2　速読についての考え方

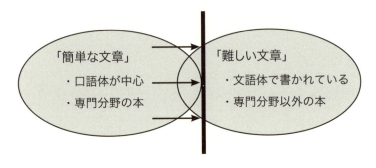

図2 「簡単な文章」と「難しい文章」

せるようにはならないということだ。

　同様に、ステージ3の文章を読んでいても、ステージ4には上がっていけない。つまり、好きな音楽に関する雑誌記事を日常的に読んでいても、日本史の教科書から、必要なポイントを押さえる作業はできるようにはならないのである。

　図2を参照してほしい。これは自分がラクに読める文章「簡単な文章」を読み付けても、それによって「難しい文章」が読めるようになるわけではないことを表わしている。

　「簡単な文章」とは、自分のステージに相応した文章のことだが、別のいい表わし方をすれば、口語体で書かれた文章や、自分の専門（よく知っている）分野の本に書かれた文章のことである。

　それに対して「難しい文章」とは、自分のステージよりも上のステージの文章であり、これも別の見方をすれば、口語体ではなく文語体で書かれたものや、自分の専門ではない（よく知らない）分野の本に書かれた文章のことである。

　「簡単な文章」でも、たくさん読んでいれば、幾分かは「難しい文章」を読む助けになるかもしれないが、それには限度があると考えたほうがいいだろう。図2の壁（中央の黒い太い縦線）は、少しく

らいなら「難しい文章」のほうに入ることができても、わずかなところで止まってしまうイメージを表わしている。

　それでは、どうすれば自分にとって「難しい文章」＝「自分のステージよりも上のステージの文章」を読めるようになるのだろうか。それには、はっきりとした答えがある。

　それは、自分にとって「簡単な文章」ではなく、自分にとって「難しい文章」＝「自分のステージよりも上のステージの文章」を読む練習をすることである。そうすることによってのみ、上のステージの文章に慣れ、「難しい文章」を読めるようになっていくのである。

　<u>だが、それには苦痛が伴うため、なかなか取り組むことができないのだ。これが、私たちがステージ4以外のステージにいる理由である。</u>

　<u>そして、その苦痛を取り除くことが、上のステージの文章を読めるようになるために行なうべきことであり、速読はこの「苦痛」を取り除くことで可能になるものなのである。</u>

1.2.2 ｜ なぜ読むことは苦痛になるのか

　リーディングハニーには、「ラクに読めれば速く読める」という考えが根本にある。読むことがつらければ、1冊の本をすばやく読むのは困難になる。それどころか、読むという行為そのものを遠ざけがちになってしまうだろう。

　速読をしたければ、ラクに読めるようになることが必要であり、そのためには「つらい読み方」とは、別れなければならない。

　リーディングハニーを学ぶ人たちには、もし今読むことがつらい作業であったとしても、つらい読み方と別れるのは難しいことでは

ないと知ってほしい。私たちは、苦痛を伴うつらい読み方をしていることや、そうなっている原因について自覚し、ラクに読むにはどうすべきかを知ればいいのだ。

それからは第2章で紹介する「リーディングハニー6つのステップ」に取り組むことで、読む作業はラクになり、どんどん速く読んでいけるようになるだろう。

まずは、なぜ「難しい文章」を読むのは苦痛なのかを考察していこう。

結論からいうと、読むことが苦痛になってしまうのは、<u>間違った読み方に囚われているからである。</u>
<u>間違った読み方というのは、「一字一句はじめから読む」「はじめから順番に理解していく」という読み方であり、こうした読み方が読むことをつらい作業にしているのである。</u>

そして、そうした読み方で読むものだと思い込んでいる、そのように読まないと理解できない、または他の読み方を知らないのが、囚われている状態なのである。

私たちは「リーディングハニー6つのステップ」の考え方を学び、取り組むことで、囚われていることからは解放されていくが、なぜこれまで苦痛を伴う間違った読み方に囚われていても、それに気付かなかったのか、あるいは十分に自覚できていなかったかについて考えておきたい。

それはまず、「一字一句はじめから読む」「はじめから順番に理解していく」という読み方でも、苦痛を感じない文章があるからである。短く簡単な文や、読みやすい雑誌記事などでは、はじめから順番に一字一句読んでも苦痛は感じないだろう。また決して簡単とは決めつけられない記事や本でも、自分が興味を持っている内容のも

のであれば、一気に読めても不思議ではない。

　こうして本を読み、きちんと内容を理解したことがあれば、「一字一句はじめから読む」「はじめから順番に理解していく」という読み方が、読むことが苦痛になる原因だとは疑わないだろう。

　学校の図書館で、お気に入りの小説家の本を頻繁に借りて、図書館を管理する先生から「よく読んでいるね」と声をかけてもらっている生徒も、自分が苦痛をもたらす間違った読み方に囚われているとは思わないはずだ。その小説家の小説以外の本は、実は読むことに苦痛を感じていてもである。

　また、「一字一句はじめから読む」「はじめから順番に理解していく」という読み方で苦痛を感じていたとしても、我慢すれば読むことはできるものである。

　試験勉強の教材であれば、ある程度つらく感じても、途中で投げ出さないほうがいいことは明白である。そして頑張った結果、試験ではよい成績を収めることができた。このときに自分の読み方は、間違っていたと考えるだろうか。むしろ一字一句はじめから読んで、きちんと理解していた自分は、しっかり読んだのであって、間違った読み方をしていたとは考えないのではないだろうか。

　そして私たちは、読むのがつらいときや、理解できないときは、他の方法で、本や参考書の内容を押さえることもできる。たとえば受験勉強では、塾や予備校へ行けば、覚えるべきポイントや、参考書で目を通すべき特定の箇所まで教えてもらえるものだ。自分で本を手に取って、全体を把握してポイントを読み取らなくても、「ここだけ読めば大丈夫」というところを知ることができてしまう。

　このような事情から、私たちは「間違った読み方に囚われている」と疑うことはなく、読むときに苦痛を感じることについても、深刻に向かい合う機会は少ないのである。

　その結果として、「難しい文章」を読むのは、私たちにとって、

苦痛を伴うつらい作業であるまま変わらないのだ。

1.2.3 「一字一句はじめから」以外の読み方が必要

　繰り返すが、「一字一句はじめから読む」ことを「間違った読み方」と読んでいるのは、一字一句はじめから読むことが、苦痛をもたらす、つらい作業だからである。

　好きな小説を読むときは、一字一句はじめから楽しめばよいはずだ。しかし、ここで対象と考えているのは、「ポイントを読み取ることを目的として読む本」であり、その中には特別に興味を持っていない内容の本や、関心を持っていたとしてもなかなか読み進められない本も含んでいる。

　授業で指定された教科書、就職活動に関する本、その他にも読むべき本を思い浮かべてほしい。

　それらの本を一字一句はじめから、たくさん読んでいくことをイメージできるだろうか。スラスラ読めそうには思えず、むしろそれが苦痛に思えたら、一字一句はじめから読むことを疑ってみる必要がある。一字一句はじめから読むことは、実にたいへんな作業だからである。

　一字一句はじめから読んでも、内容をすんなり理解できないことや、スラスラ読み進められないことは多い。これまでには、読む気があって本を手に取ったのに、何ページか進んだだけで、読むのを止めてしまったことが、一度ならずあるのではないだろうか。

　それでも一字一句はじめから読む方法しか知らなければ、その方法で読んでいくしかない。そのために、しばしば次のようなことが起こっているかもしれない。

　学校帰りの電車の中で、読んでおいたほうがよい本が鞄に入って

いる。それでも本ではなくスマートフォンを取り出して、特に見なくてもいいサイトやソーシャルメディアを一通り眺め、その後も鞄から本は取り出さなかった。

　読むべき分量は、わずか一章の半分程度だが、それをはじめから読んで、用語や内容も理解しながら進むのは、それなりにたいへんな作業なので、家に着いてからゆっくり落ち着いて取りかかりたいと思ったのだ。

　家で夕食をとり、テレビを観てゆっくりしてから読もうと思ったら、結構遅い時間になってしまった。今夜これから本を読むよりも、またどこかでまとまった時間を取ることができるだろう。

　こうしてわずかな分量さえも、読まない習慣ができ上がってしまうことがある。

　こんなことが起こるのは、なぜだろうか。それは、一字一句はじめから読んで理解していくことに苦痛を感じているからである。そのために、なかなか読みはじめられないのだ。これでは速読をするどころか、日常的に読書をすることもままならなくなってしまう。

　このような経験があり、日頃から十分に読めていないと思うのであれば、「はじめのページ、はじめの行から終わりに向かって一字一句」という読み方以外の方法を取り入れる必要がある。もっと日常的に読む習慣を身に付けたいだろうし、読書も速読も、つらいと思いながらすることではないからである。

1.2.4 ｜「何の話か理解できている状態」とは

　それならば、ラクに読める方法とは、どんな読み方なのだろうか。
　「何の話か理解してから読んでいく」というのが、ラクに読み進めるための基本的な考え方である。さあ、これはどういうことだろ

うか。
　私たちは、本を手にしたときに、その中に書かれていることが
何の話か理解できていれば読みやすいが、
何の話かわからなければ読みづらいか、読んでもわからないのである。

　「一字一句はじめから読む」とはどういうことなのか、もう一度考えてみたい。それは、アルバイト先のカフェで、いつも君を混乱させた「全体の見えない先輩」の仕事の教え方と同じなのである。
　今日がアルバイト初日だという君に、その先輩は「それじゃあ、テーブルを拭いてきて」という。君はテーブルはどの雑巾で拭くのか、どのバケツを使って、どこから水を汲むのか、何もわからないので、すべて尋ねながらやることになった。
　それが終わると、「乾燥機から皿を出して、食器棚に並べるように」というので、食器棚の近くにいた人にやり方を聞きながらやってみたが、作業が終了すると先輩は、皿を並べた位置に少し間違いがあるという。しかも乾燥機は別にもう１台あったらしく、それには触れていなかったので、「見てもわからなかったのか」といわれてしまった。
　こんな先輩の指示にしたがって仕事をしていれば、誰でもすぐに疲れてしまうものだ。カフェでの仕事の全体像はわからないまま、自分が担当する役割についても教えてもらえず、いわれるままに動き回っているからである。

　実はこれが、本を読むときに「一字一句はじめから読んでいる」状態である。「何の話かわかっていないために、読みづらいか、読んでもわからない」状態なのである。

あるとき、アルバイト先に、いつもとは違う先輩が来ていた。この先輩は、いつもの「全体の見えない先輩」とは違う「全体の見える先輩」だった。

「まだ3日前に入ったばかりだそうだね。仕事の流れがどんな感じかわかってきたかな」と聞いてくれたのだ。

「実は、まだよくわかっていないのです」というと、あらためて全部説明するといってくれた。

「君がシフトに入る15時頃は、店が一旦空いて、落ち着いている時間だよ。ランチで使った食器なども洗い終わって、夕方からの忙しい時間に備えている状態さ」

「ああ、そういうことですか」

「厨房では、16時頃からディナーの仕込みをはじめるから、15時から16時は片付けと掃除をして、それからは厨房の手伝いをしてほしい。18時頃から閉店までは接客で忙しくなるよ」

このように説明してもらえれば、仕事がどのように流れていくのか全体像を把握できるものである。

「とても忙しいのは、19時からの2時間。その間は接客が中心だけれど、多少の洗い物もすることになるよ」

事前にこうしたことを教えてもらえば、どんな仕事をこなしていけばいいのか見当が付き、混乱しなくても済むだろう。全体像がわかった今は、それまでよりも仕事をラクにも感じ、要領よくこなすための方法を考えることもできる。

これは、本を読むときでいう「何の話か理解できている状態」なのだ。本は、このような状態をつくり上げ、全体像を捉えることができれば、ラクに要領よく読んでいくことができるのである。実際のところ、これは本に限ったことではなく、あらゆる文章に共通していえることである。

1.2.5 「何の話か理解できている状態」は、どうつくり上げるのか

　それでは本を読むときに、どのように「何の話か理解できている状態」をつくり上げればよいのだろうか。
　カフェのアルバイトでは、「全体の見える先輩」が登場して説明してくれたのだが、その先輩は本を読むときまで教えに来てくれるわけではない。
　「何の話か理解できている状態」をつくり上げる具体的な手順は、「リーディングハニー６つのステップ」のステップ１から４に示してあり、その詳細は次章で説明するが、ここではその考え方について説明しておきたい。
　「全体の見える先輩」は、すでに同じ本を読んだことがあり、隣にいれば、きっとわかりやすく、その本の全体像を説明してくれるだろう。
　ここで大切なのは、「全体の見える先輩」なら、そのときに何を話してくれるかを考えてみることだ。「全体の見える先輩」が説明してくれそうなことは何だろうか。それがわかれば、先輩がいなくても、自分でその答えを探していくことができる。
　実は先輩が話してくれることの内容も、それを探すのも、それほど難しいことではないのだ。

- どんな人が書いているのか
- いつ頃書かれたのか
- 全体の分量（ページ数）
- 何章あるのか
- それぞれの章の分量（ページ数）

「全体の見える先輩」は、このような「全体像を知るために必須の情報」から話してくれるのではないだろうか。君がすでにわかっていそうに見えても、一応確認してくれるだろう。「全体の見えない先輩」のように、唐突に部分的なところに話が行ってしまうことはない。
　これらの事柄は、どんな本からでもすぐにわかることばかりでもあるのだ。そして「全体の見える先輩」は、次に

- おおよそ何が書いてあるのか
- 簡単そうか、難しそうか

について話してくれるだろう。
　これらのことについても、私たちは自分で見当を付けていくことができる。書いてありそうなことや、難易度を知るには、次の事柄を確かめていけばよいのだ。

（1）どんな言葉が使われているか

　アルバイトの初日から数日間は、カフェの仕事の全体像も、自分が担当する仕事についても説明をしてもらえず混乱してしまった。唐突で不十分な指示ばかり受けるくらいなら、とりあえず一人で店内を見ていたほうが、全体の様子を捉えられたのではないだろうか。
　本を手にしたときは、まだ読みはじめる前に、「全体にどんな言葉が使われているか」を見る。これが、本全体におおよそどんなことが書かれていそうか捉えるために行なうべきことである。その作業により、難易度にもある程度の見当が付くものである。アルバイトで混乱したときのようになりたくなければ、いきなり本文を読みはじめてはいけないのである。

（2）全体の構成

　「全体の見える先輩」は、シフトに入る15時からの店の様子と仕事の流れを説明してくれた。とても忙しくなる時間もあり、それが何時かも話してくれた。

　本を読むときにも、中身がどんな構成で、どのように話が展開していきそうか、目次と「全体にどんな言葉が使われているか」を参照して捉えるようにする。これも<u>まだ読みはじめる前に、</u>できるだけ把握しておきたいことである。

（3）所々、どんな話が出てくるのか

　「全体の見える先輩」は、君に仕事をよく理解させるために、このように話してくれるかもしれない。

　「接客について学ぶために、時折僕のことを見ていてくれるかな。接客というのは、テーブルへの案内から、メニューの紹介、最後はレジの仕事まである。君とずっと一緒にはいられないけれど、タイミングの合うときに、僕の隣に来て、やっていることを見てほしい」

　こういってもらえたら、少しずつ先輩の仕事を見ることで、接客ではどんなことをするのか、わかってくるはずだ。

　本の場合でも、同じようにしてみよう。<u>まだ本格的に読む前に、</u>本文を少しずつ拾い読みすることで、どんな話が出てくるのか、何が書いてありそうか、どの程度の難易度かを捉えていくのである。

　「何の話か理解できている状態」は、このように「全体の見える先輩」が話してくれそうなことを自ら探すことで、つくり出すことができる。これは意外に簡単にできることなのである。

　「全体の見える先輩」が、君が仕事に取りかかる前に説明をして

くれたように、「何の話か理解できている状態」も本格的に読みはじめる前につくり上げたいことを覚えておこう。

1.2.6 本から探し出す2種類のポイント
――「自分にとって大切なポイント」と「著者の述べるポイント」

　リーディングハニーの「全体を捉えてから、ポイントを読み取る」という考え方がわかってきただろうか。リーディングハニーでは、

　何の話か理解して（＝全体を捉えて）から、
　上手にポイントを見つけて読む。これを短時間で行なおうとしているのだ。

　さあ、ここで本から読み取るべきもの――本に書かれたポイント――について考えてみたい。まずは、本の中に読むべきポイントはどのくらいあるかだが、これはもちろん手に取った本によって違いがある。しかしながら、ここで認識しておきたいのは、ポイントというのは、本全体の分量と比較すると、かなり少ないということである。

　たとえば、君が就職した先で、上司から250ページある本を渡され、「この本の要点を書き出すように」と指示を受けたとしよう。「どんな要点を書き出すか」によるが、客観的に見て重要と思えるポイントを書き出すとしたら、A4用紙で何枚くらいになるだろうか。

　上司がどんな目的でそれを必要としているかにもよるが、10枚というのはあまりに多すぎる枚数である。忙しい上司がポイントだけを知ろうとするときには、5枚でも多いほうと考えるべきで、最も大事な項目を箇条書きにするだけなら、A4用紙2、3枚で十分な

ことが多いのである。

　前項までに学んだ通り、私たちは本格的に読みはじめる前に、「何の話か理解できている状態」をつくり出し、それから、このわずかな（あくまでも一例としてだが、250ページの本からA4用紙数枚に書き出せるくらいの分量の）ポイントを探していく。
　ここでは、それらのポイントは、2種類に分けられることを覚えておこう。
　1つは、「自分にとって大切なポイント」であり、
　もう1つは、「著者の述べるポイント」である。

　私たちは「何の話か理解できている状態」になったら、このうちどちらかのポイントを探して読んでいくことになる。
　「自分にとって大切なポイント」とは、読み手である自分が探している答えやヒントとなる事柄である。これらは手にした本から知りたいことが決まっているか、おおよそわかっている場合に、探すことになるポイントである。
　「著者の述べるポイント」とは、まさに著者がその本でポイントとして述べていることである。その本から特に探していることはない場合や、著者がどんなことを述べているか一通り知りたいときに探すことになるポイントである。
　どちらのポイントを読むにしても、それを探すのが重要なスキルなのである。必要なポイントをすばやく見つけ出し、それを読んで理解することが、私たちが行なっていくことなのである。

1.2.7 ポイントを上手に見つけるには

　ここで、ポイントを上手に見つけるためのコツについて考えておこう。ここでも、就職先で上司から指示を受けたシーンで考えてみよう。今回、上司である課長は、君に人材育成に関する本を手渡し、自分たちが取り組むべき人材育成のプログラムについて検討し、課長の上司である部長に提案したいといった。

　課長はその本を読んでいないが、近年話題になっているその本を参考にして、何らかの提案をしたいので、比較的時間のある君に、本を読んで内容をわかりやすく伝えてほしいというのである。課長は、最終的にどんなことを提案するかについては、自分でじっくりと考えたいようだ。

　さあ、君から課長へ提出するレポートには、何をどう書けばいいだろうか。本の内容を知りたい課長には、本に何が書かれているのか、わかりやく伝える必要があるだろう。

　この際、本のタイトル、著者名、発行された年月日に続けて、以下のような記述をすることにより、本の全体像とポイントを上手に伝えることができるはずだ。

a. 本のテーマ
b. 何章あるのか
c. 各章に何が書かれているか
d. 各章に何節あるか
e. 各節に何が書かれているか
f. 話は全体として、どのような展開になっているか
（このうちdとeは、内容により、おおまかに述べたり、割愛する部分が出てくることもあるであろう）

課長へ提出するレポートには、「各章、各節に何が書かれているか」と「話はどのように展開するか（＝全体の構成）」を伝えることが大切である。それにより課長は、本に書かれたことが「要するにこんな内容」だとわかるものだ。
　そうすれば、課長は自ら大事なポイントと思うに部分に注目して、人材育成のプログラムの作成に役立てるだろう。
　つまり君は、これらの事柄（a〜f）を述べられるように、本の内容を捉えていく必要があるのだ。さあ、君はきちんと本の内容を把握し、上司に伝えられるだろうか。

　ここであらためて認識しておきたいことがある。
　本が読めないというのは、「各章、各節に何が書かれているか」と「話はどのように展開するか（＝全体の構成）」を上手く捉えられないということである。
　そして、速く読めないというのは、「各章、各節に何が書かれているか」と「話はどのように展開するか（＝全体の構成）」をすばやく捉えられないということなのである。
　このような場合には、本に書かれたポイントを探すのが難しくなるか、見つけるまでに長い時間が必要になってしまうのだ。
　私たちが読むべき「自分にとって大切なポイント」または「著者の述べるポイント」は、「各章、各節に何が書かれているか」と「話はどのように展開するか（＝全体の構成）」を捉えることにより、ラクに探すことができるようになるのである。

1.2.8 難解な本を手に取ったときには

　ここまで、全体を捉えてからポイントを探すことについて考察してきた。

　しかし、リーディングハニーを学ぶ人たちの中には、ポイントと思う箇所を見つけることができても、それらをすばやく理解できるのか不安に思う人もいるようだ。じっくり考えないと理解できない本もあれば、資格試験の参考書などのように、もともと簡単に理解できるとは限らない内容のものは多いからだ。

　リーディングハニーでは、このような本を「難解な本」と呼んでいる。

　難解な本は、ポイントを見つけたとしても、それらのポイントをすばやく理解できるとは限らない。おそらく、それ相当の時間が必要になるだろう。

　しかし、難解な本を読むときであっても、私たちは「各章、各節に何が書かれているか」と「話はどのように展開するか（＝全体の構成）」を捉えて、それから「自分にとって大切なポイント」または「著者の述べるポイント」を読むという手順を変えるわけではない。

　難解な本を読むときには、同じ手順で進み、それから「見つけたポイントを読んで理解するのに必要な時間」を余分に割り振ることになるのである。具体的には、「リーディングハニー６つのステップ」のステップ５および（特に）６に余分に（それ相当の）時間を使うことになるだろう。

　もう一度、ここまでの話を整理してみたい。リーディングハニーでは、

- 「何の話か理解できている状態」をつくり出し、
- 「各章、各節に何が書かれているか」、
- 「話はどのように展開するか（＝全体の構成）」を捉え、
- 「自分にとって大切なポイント」または
- 「著者の述べるポイント」を読み取っていく。

　この順序で進むことにより、全体を捉えてから上手にポイントを押さえていくことができる。それにより、本1冊をすばやく読むこともできるのだ。
　難解な本を読む場合でも、「何の話か理解できている状態」をつくり出すところから、「話はどのように展開するか（＝全体の構成）」を捉えるところまでは、難しい作業ではないはずなのである。
　これらの中で「たいへん」なのは、「自分にとって大切なポイント」または「著者の述べるポイント」を読んで理解することだけになるべきである。
　このように意識し、順序立てて進んでいかないと、難解な本を読んで理解していくのは、実に難しい作業になってしまうだろう。
　実際のところ、難解ではない本や、比較的やさしい本を読むときでも、同じ意識で取り組むべきものである。
　上記の順序にしたがって、「自分にとって大切なポイント」か「著者の述べるポイント」を見つけ出してしまい、それからそのポイントを読んで理解するのに必要な時間を使うと考えておくのである。
　難解な本でなければ、ポイントを理解するのに、それほど大した時間を使うことはないはずである。

　次章では、「リーディングハニー6つステップ」を学んでいこう。

「リーディングハニー6つステップ」は、本章で紹介した「速読についての考え方」を具体的な速読の手順としてまとめたものである。

コラム1

大学生の速読メリット
——授業、試験、研究、論文執筆のために

①本来の大学の授業らしさが味わえる

　課題図書をじっくりと読み込んでから、教授の話を聞く。感心のある科目であれば、ぜひこうして授業を受けたいものである。もし毎回読み込むことができなかったとしても、課題図書から、どんな講義になりそうかを把握することができ、質問も用意できているようなら、毎回の授業も一層有意義になるはずである。熱心な学生にとっては、できるだけ多くの学生が、同じように予習をして受講している環境が望ましいのではないだろうか。前もって課題図書を読むと、釈然としない部分や、事例を挙げて説明してもらいたい箇所などが出てくるだろう。それこそが、授業を受ける準備ができている状態なのである。

②速読で「全体の構成を捉え、ポイントを押さえる」ことは、試験の準備で「出題範囲を把握して、答えを探しておく」のと同じ

　リーディングハニーによる速読では、常に本や文書の全体像を捉え、ポイントを探し出そうとしている。これは試験の出題範囲を把握して、試験に出そうな問題と答えを見つける練習をしているのと同じことといえる。「リーディングハニー6つのステップ」をマスターすることで、そのスキルも高まっていくことは間違いないだろう。学生が試験の前になると、友人同士で集まって勉強するのは、その「出題範囲」を確かめ、「出そうな問題や答え」を一緒になって探したいからだ。自分で見つけられないなら、そうして友人と試

験準備をするのもいいだろう。それでも自分一人でできるようになれば、それに越したことはないはずである。

③読むときの苦しさから解放される
　——研究、論文執筆、就職活動も早くから準備できる

　速読は苦しいと思いながらすることではない。むしろラクに読めるから速く読めるようになるのだ。「リーディングハニー6つのステップ」は、読むときの苦痛と別れ、つらさを感じずに読んでいく方法である。「読むこと」がつらいことでなくなれば、自由にすばやく読んでいける。常々読みたいと思っていた本も読めるし、研究方法や論文の書き方に関するノウハウにも、ラクに目を通して理解できるようになるはずだ。「読んで知ること」が、今よりもさらに日常的なことになっていくだろう。もちろん就職活動についても、早めに読みはじめて、必要な知識をインプットしておこう。

④上手に学習の計画を立てられるようになる

　授業の課題図書を指定すると、「読める学生」は、学期中に読むべき本（あるいはその範囲）の全体像を捉えて、計画的に読もうとするものだ。どの週にどの章を読むといった計画を立て、スケジュール帳に書き込んでいたりする。その一方で、「読めない学生」は、全体像が捉えられず、無計画なままである。「リーディングハニー6つのステップ」で、本の全体像を捉えて、ポイントを押さえていくことに慣れたら、「読める学生」らしく計画を立て、学んでいこう。6つのステップに慣れるにしたがって、それは難しいことではなくなっていくだろう。授業の課題図書に対してだけでなく、研究活動や就職活動についても、同じように事前に読んで調査をし、スケジュールを立てることを意識したいものである。

第 2 章
リーディングハニー 6つのステップ

本章で、「リーディングハニー6つのステップ」を説明していく。各ステップに（　）で示された時間は、300ページ弱くらいまでの本を読む際に、目安とする時間である。文字数により使用する時間は異なるものではあるが、おおよそ（　）内の時間を基準と考えよう。

pp.80 – 81 の「リーディングハニー6つのステップ」一覧表を合わせて参照してほしい。

2.1　ステップ1「プレビュー」（3〜5分）
2.2　ステップ2「オーバービュー」（10分）
2.3　ステップ3「スキミング1」（10〜15分）
2.4　ステップ4「スキミング2」（10〜15分）
2.5　ステップ5「スピードリーディング」（30〜40分）
2.6　ステップ6「レビュー」（10分）
2.7　プラスアルファのアドバイス

2.1
ステップ1「プレビュー」(3〜5分)

　プレビューは、本を手に取ったら、はじめに行なう作業である。
　プレビューとは、本の「本文以外の部分」から、それが何について書かれた本か、どんなことが書いてありそうか、見当を付けることである。
　本以外の例でいえば、入ったことのない飲食店の様子を外から確かめるような行為のことである。店にはどんなメニューがありそうで、客層や料金体系はどんな感じか、様子を伺うことがあるだろう。そうすることにより、入店してよさそうかどうか、何をいくらで食べることになるのか、といったことを知ろうとするのである。
　もう1つ他の例でも考えてみよう。大学の教室で誰かに話しかけるシーンを思い浮かべてほしい。誰にでも不用意に話しかけるわけではないだろう。まずは、どんな感じの相手か、フレンドリーな人かどうかといったことを外見や様子を見て判断するはずだ。
　飲食店を選ぶときでも、誰かに話しかけるときでも、プレビューをしてから、その先のステップへ進むのは、ごく普通のことである。本の場合でも、本文を読みはじめる前に同じことをするのだ。
　本を読むときには、以下がプレビューで行なう具体的な事柄である。

（1）カバー、袖、帯を見て外す／ハガキ・しおりを取る

　まずは、カバーに書かれていることから見てみよう。本のタイトルやサブタイトル、著者名などがあり、袖や帯（pp.124-125 本の各

部分の名称参照）には、本の特徴について述べる文や、売り文句などが書かれていることもある。

袖や帯にある文章は、必ずしも著者ではなく、本の編集者により書かれることが多いようだが、それらは「内容や特徴を一言で述べるとしたらこうなる」といった文やキャッチフレーズである。そのためプレビューをするときに、一度目を通しておくべきである。

リーディングハニーでは、カバーや帯は、目を通したら本から外してしまうことを勧めている。本に取り付けていても仕方のないものや、煩（わずら）わしくなりそうなものは、本を読み終わるまでの間は、すべて外しておこう。しおりやハガキが挿（はさ）まっていれば、それらも同様に取り出してしまおう。

図書館で借りる本などは、カバーや帯が本体にフィルムなどで留められていることがあるので、そのような場合にはもちろん外す必要はない。

（2）ページ数を確認する

全部で何ページある本を読もうとしているのか、きちんと確かめてみよう。本を手に取ったときに、おおよそ何ページあるのかわかりそうではあるが、使われている紙の厚さにより、300ページありそうな本がわずか200ページを超える程度だったり、その逆のような場合もある。プレビューの段階で、まずは何ページあるのか、はっきり確かめておこう。

（3）奥付、著者紹介、前書き、後書き、解説、索引、参考文献などを読む

奥付（おくづけ）とは、発行年月日、著者名、訳者名、発行所（出版社）名などが記載されたページのことである。本の巻末にあり、ここに印刷された情報は「書誌事項（あるいは書誌情報、書誌データ）」と呼

ばれる。

　奥付には、本の正式な書名が記載されているため、たとえば本から引用したときに参考文献として書名を記載する際には、奥付に書かれた書名を使用する。

　カバーや表紙（pp.124-125 本の各部分の名称参照）に記載された書名は、デザイン性が優先されているために、タイトルとサブタイトルを間違えやすかったり、サブタイトルがあるように見えても奥付（正式な書名）にはサブタイトルはないことなどもある。そのため書名は必ず奥付のものを用いる必要があることを覚えておこう。

　発行年月日は、出版社により多少の違いが見られるが、おおむね次のように記載されている。
　　2019年9月10日　初版第1刷発行
　　2020年4月12日　初版第3刷発行
　初版第1刷の発行年月日がある。まずは初版がいつ出版されたかを確かめるために、年月日を確認する。

　その本が重版されたものであれば、重版の年月日が合わせて記載されている。この例では、初版第1刷発行から7カ月程で第3刷が発行されていることがわかる。

　私たちは、この発行年月日を見ても、本が実際に何度重版されたかはわからないものである。本を手に取ったのが、2020年4月12日から間もないときであれば、おそらく本書は二度重版されていて、現在3刷と見当を付けられる。しかし、手に取ったのが、それから何年か後だとしたら、たまたま手に取ったのが3刷であっても、その何年かの間にさらに重版されたかどうかは、わからないからである。

　それでも一応の目安に、重版されているか否かを確かめよう。

　重版は、それまでに発行された部数がはけることで行なわれるの

だが、重版されるのは、（分野によって違いはあるものの）世の中で出版される本全体のわずか1割程度という説もあるほどで、本は重版されないもののほうが断然多いようだ。そのため手に取った本が重版されている本かどうか、どんなペースで重版されたかは、わかる範囲でよいので、ぜひ参考に見ておきたいのである。重版されていれば、それ相当の需要や人気のあった本だとわかる。
　これは先程の例とは別の記載方法で、よくある例である。
　　2019年 9 月10日　　初版発行
　　2019年12月20日　　2 刷発行
この2刷とは、初版の第2刷を意味している。
　次は、本が改訂されたときに用いられる記載方法の例である。
　　2019年 9 月10日　　初版発行
　　2024年 8 月10日　　改定版第 1 刷発行
　　2026年 5 月20日　　改訂版第 2 刷発行

　著者や訳者の紹介は、奥付に記載された著者名や訳者名とは別に、奥付の近くのページやカバーの袖などに記載されているものである。どんな人がその本を書いたのか、あるいは翻訳をしたのか、参考に目を通しておこう。

　発行所とは出版社のことである。そして「発行者」として、出版社の社長名が記載されている。
　本に詳しくなってくると、出版社についても気になってくるだろう。総合出版社もあれば、何かの分野を専門とした出版社も存在する。どの出版社から出版された本なのか、参考に確認しておこう。

　洋書の翻訳書を読むときには、原書の書名についても見ておきたい。原書の書名は、翻訳書の本扉（pp.124-125 本の各部分の名称参

照)の裏ページに記載されていることが多い。翻訳された本の書名は、原書の書名をそのまま訳したようなものもあれば、原書のそれとはまったく異なることもあるため、一度見比べてみよう。

　また、原書の発行年も合わせて記載されているのが普通なので、参照してみよう。日本で出版されたのは最近でも、原書は随分と古い本ということもある。

　前書き、後書き、解説からは、「本文にどんなことが書かれているか」を手短に読み取ることができるものだ。それぞれ分量が多ければ、あまり短時間で作業を終えることはできないが、この段階では、どれも一字一句読むというよりは、おおよそ何が書かれているかを読み取るつもりで、さっと目を通したい。前書き、後書き、解説では、それぞれのパラグラフごとに何が述べられているのか、その要点をつかむつもりで一読しよう。

　索引のある本では、索引に登場する言葉をすべて一通り見てみるとよい。索引は、その本に登場する言葉のリストのようなものであるから、じっくりと見てみよう。自分の専門分野や得意分野の本であれば、どんな言葉がキーワードとして使われているかといったことも読み取れるだろう。よく知らない分野の本でも、どんなタイプの言葉(たとえば、経済・金融分野の専門用語、コミュニケーションの分野に関連した用語、あるいは、簡単そうな言葉、難しそうな言葉など)が出てきているのか把握できるだろう。

　参考文献が紹介されている場合は、それらにも目を通すようにしよう。著者がその本を書く際に参照した本のリストであるから、それらの文献のタイトルから、どんな分野(あるいは類)の話が書かれていそうかヒントを与えてくれるだろう。

（4）目次をじっくり見る

　目次は、本の全体像を把握するために、必ずしっかりと見るべきである。

　全部で何章あり、各章に何節くらいずつあるのか。全体として話はどのように展開するのか。じっくりと考えながら見てみよう。

　本文を読んでいない状態で目次を眺めても、全体の構成はまだ捉えにくいと感じるかもしれないが、プレビューの段階で完璧に把握する必要があるわけではない。後のステップでも、目次を見る作業は行なっていくし、だんだん理解できればよいと考えておこう。

　実際のところ、目次を見て全体の構成を捉えようとする作業は、6つのステップのどこに取り組んでいるときに行なっても構わないし、何度行なってもよいものである。目次から全体像を把握するのは、慣れとともにたやすくなっていくものでもある。

ヒント ・・

　はじめに全体を捉えてから取り組むことは常に大事であるから、目次、前書き、後書き、解説についても、それぞれが全部でどのくらいの分量なのかを確認した上で見ていくようにしよう。それがたとえ2ページか4ページかの違いであっても、常に全体の長さを把握してから行なうことを習慣にしたい。そうすることによって、自分が全体の中のどこにいるのか（どこを読んでいるのか）わかるようになり、書かれた内容も理解しやすくなるからである。

〈プレビューを終えた段階では…〉
　本文以外の部分から、何が書いてありそうな本か、イメージが捉えられている。

2.2 ステップ2「オーバービュー」(10分)

　オーバービューとは、「概観する、全体を見渡す」という意味である。本文全体を見ていくことにより、「どんなことが書かれていそうか」見当を付けることをいう。
　オーバービューでは、本文を「読む」のではなく、「見る」のが特徴である。

（1）1ページずつ、はじめから終わりまで見る

　本文を1ページずつ、はじめから終わりまで見ていく。これは、本の中に「どんな言葉が使われているか」を知るための作業である。
　本は分野が異なれば、使われている言葉が違うものである。おおまかにいえば、文系の科目の本と理系の科目の本では、出てくる言葉のタイプには違いがあることがわかるだろう。そして、たとえば同じコミュニケーションに関連した内容の本であっても、学者が書いた論文を集めた本と、企業向けセミナーの講師が書いた本では、使う言葉やその難易度に違いがあると考えられるだろう。さらに同じセミナー講師の書いた本でも、出てくる言葉は本により違いがある。
　手にした本におおよそ「どんな言葉が使われているか」をオーバービューにより捉えていくのである。

　はじめから終わりまで（言葉を見るだけで、読むわけではないので、終わりからはじめに進んでも構わないが）、1ページずつ順に

同じペースで進んでいく。1ページを1秒で見ていくのを目安としよう。ページにより見る時間を長くしたり、短くしたりはせず、同じ時間を使ってリズミカルに見ていくようにする。

　ページをめくるたびに、わざと音を立てて、それをペースメーカーのようにすると、同じテンポで進んでいきやすいだろう。

　本のページ全体が一度に目に入るくらい、ページから目を離して行なってみよう。

　この作業の最中は、本文を見ていくだけで、あえて読まないようにしてページをめくっていく。もし途中で読みたくなってしまっても、1ページを1秒使って見るだけで進んでいこう。最後のページにたどり着くまでには、全体にどんな感じの言葉が登場していたのか捉えられているはずである。

（2）もう一度、1ページずつ、はじめから終わりまで見る

　1ページずつ、はじめから終わりまで見る作業は、2回続けて行なう。したがって1回目が終了したら、もう一度同じ作業を繰り返す（1回目に「はじめから終わりまで」見ていれば、今度は「終わりからはじめまで」見ていく、ということでも構わない）。

　2回目は、1回目よりもキーワードを拾うことを意識しよう。ここでいうキーワードとは、必ずしも著者がキーワードとして使っている言葉のことではなく、オーバービューで「どんな言葉が使われているのか」を知ろうとしている読み手の目に付く言葉であればよい。

　見出しや小見出し（pp.124-125 本の各部分の名称参照）、太字になっている部分、漢字、カタカナは、特に意識的に見ていくとよいだろう。

　2回目は、できるだけ本全体の構成、各章各節の分量も捉えるつ

もりで見ていこう。途中で読みたい箇所が出てきても、やはり読みはじめずに最後まで進んでいく。

ただし、目次はいつ見直してもよいことを覚えておこう。全体の構成を捉えることは、とにかく大事であるため、目次は何度見ても構わない。本文のページには、柱（章名などが入るページ余白部分の見出し。pp.124-125 本の各部分の名称参照）もあるので、必要に応じて意識して見ておこう。

（3）目次を見直す

「はじめから終わりまで見る作業」の途中で、必要に応じて目次を見ることを進めたが、２回目の「はじめから終わりまで見る作業」が終わったら、あらためて目次をじっくりと見てみよう。

ステップ１のプレビューで目次を見たときよりも、どのような構成になっているのか、クリアに見えてくるはずである。いくつの章があり、それぞれの章に何が書かれており、話がどのように進んでいくのか、よく考えながら見てみよう。

ヒント

慣れないうちは、１ページずつはじめから終わりまで見ていくことをつらく感じることがあるかもしれない。「読書が苦手」という人は、この「見ていくだけの作業」が上手くできないものである。

しかし、はじめのうちはつらさを感じることがあっても、１ページずつ進むことも、使われている言葉を捉えることも、慣れとともにラクに行なえるようになるものだ。

慣れてくると、「どんな言葉が使われているか」を知るのが容易になるのと同時に、どんなことが書いてありそうか、自分に必要なことが書いてありそうかといったことも、見ていくだけである程度

わかるようになってくるものである。

　オーバービューでは、「はじめから終わりまで見る作業」を２回行なうのを基準にしており、２回の作業で「どんな言葉が使われているか」を捉えるつもりで取り組むことを勧めているが、まだ慣れていないと感じている段階では、回数を何度か増やしてみてもよいであろう。

　オーバービューは、「どんな言葉が使われているか」を知り、「どんな構成になっているか」を捉えようとすることで、本に「どんなことが書かれているのか」を知ろうとする作業である。<u>だが、この段階においては、書かれていることの内容や論じられている事柄を理解する必要はないことを覚えておこう。</u>この段階では、まだ本文を読んでもいないのである。

　上達してくると、オーバービューを行なうだけで、本の内容についてかなり明確に見当を付けられることも多く、読むべき本かどうか、あるいは読むべき箇所があるかどうかを判断することも容易になってくるが、この段階では、おおよそ「どんなことが書かれていそうか」を捉えていれば大丈夫で、そうできていることが大切である。

〈オーバービューを終えた段階では…〉
　どんなことが書かれた本なのか、どんな構成になっていそうか、ある程度見当が付いてくる。読みたい内容かどうかがわかってくる。

2.3
ステップ3「スキミング1」(10〜15分)

　スキミングとは、一般的には、拾い読みをすることや、おおまかに文章全体に目を通すことを意味する。リーディングハニーでは、このスキミングの仕方にルールを設けて、それによって本の全体像を捉え、さらにはポイントも見つけ出していく。
　リーディングハニーでは、スキミングを2つのステップに分けて2回行なう。ステップ3が1回目のスキミングで、ステップ4が2回目のスキミングである。

(1) 1回目のスキミング

　このスキミングは、本にどんなことが書かれているのかを把握するために行なう。
　スキミングでは、本文のはじめから終わりまで、指を使って文章を追っていく。横組みの本であれば、図3のように、ページの中心（あるいは右側でも左側でもよい）に指を這わせ、1ページ2〜3秒のスピードを目安に進んでいき、気になるところだけを1行から3行（余程多くても5行）だけ読んで、また先へ進んでいく（リーディングハニー6つのステップでは、このステップ3で、はじめて本文を読むことになる）。
　1行から3行読む文章は、特に考えて選ぶ必要はなく、何となく気になるところや、ステップ2のオーバービューで目に付いたキーワードがまた目に入ってきて、その周辺を読みたいと思えばそのあたりを、という選び方でよい。

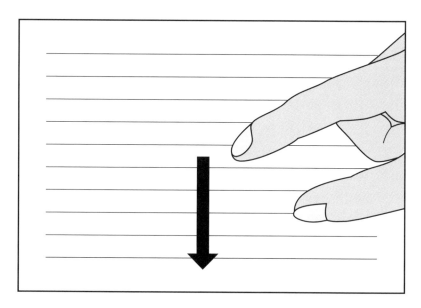

図3 指を使って文章を追う

　わずか数行読んだだけでは、何が述べられているか理解できないと感じても、それ以上は読まないようにして、どんどん前へ進んでいく。スキミングをする段階でも、本文で何が述べられているのか、きちんと理解する必要はない。そのことを覚えておこう。
　スキミングは、本文にどんなことが書かれているのか、全体的に把握することを目的としている。したがって、1行から3行程度読みながら、最後のページにたどり着いたときに（スキミング1においては、10分から15分経ったときに）、全体がどんな話であるのか、おおよそイメージをつかめていることが大事だと考えよう。
　録画しておいたテレビ番組を同じような要領で、はじめから終わりまで少しずつ観ていき、全体がどんな内容か知ろうとするところをイメージしてほしい。途中の各場面でどんな話が出てくるのか、きちんと理解しなくても、少しずつ観ていけば、おおよそ番組の内

容を捉えられるのではないだろうか。したがって、本の場合でも、むしろどこかの一部分にこだわって、その部分だけに囚われることはないようにしたい。

　指は、どの指を使ってもよいし、何本使ってもよい。指を使うことに慣れないうちは、無理に指を使うことを疎ましく感じるかもしれないが、スキミングにおいては、指はペースメーカーの役割を果たしてくれるため、使うことを習慣にすべきである。

　参考にしてほしい指の使い方のイメージとして、「プッシュ（押す）」と「プル（引く）」がある（図4）。

　横組みの本であれば、プッシュでは、（文章が進む）下の方向へ指を押していき、その指の下側（プッシュの網掛けの部分あたり）を見たり読んだりしていくイメージで、プルは（同じく文章が進む）下の方向へ指を引いていき、指の上側（プルの網掛けの部分あたり）を見たり読んだりしながら進むイメージである。

　どちらでも好みのほうを使えばよく、もちろん両方使ってもよいが、これら2つのパターンがあることを意識しておくと便利である。

　1ページを3秒のスピードで進んだ場合、たとえば230ページの本であれば、690秒（11分30秒）で本の終わりにたどり着くことになる。このスキミング1に割り当てる時間は10〜15分であるから、この場合には、最大で15分マイナス11分半の3分半が、1行から3行（余程多くても5行）を読んでいられる時間となる。途中に図表などがあれば目を通すとよいので、その時間もこの3分半に入れて考えよう。

　必要に応じて、途中で目次をよく見てみよう。全体の構成と、自分が全体のどこにいるのか（どこを読んでいるのか）を確かめるのは、常に大事な作業である。

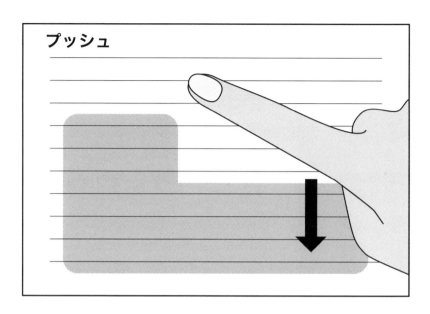

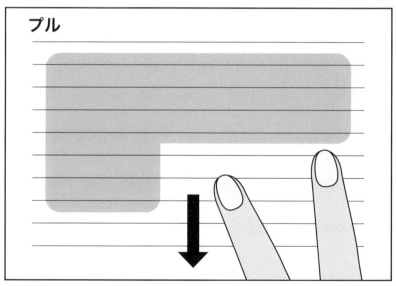

図4 「プッシュ（押す）」と「プル（引く）」

これまで一字一句はじめから読む方法で読んできた人は、こうしてスキミングで内容をしっかり理解しないまま進んでいくことに抵抗を感じるかもしれない。しかしこれは、本に何の話が書かれているのかを理解しようとする段階であることを思い出して、スキミングで最後まで進んでみてほしい。これも慣れるにしたがって、はじめてのときとは比較にならないほど、容易に内容を把握できるようになるものである。
　逆にいえば、スキミングで前へ前へと進んでいくことに慣れないと、一字一句読み進むことしかできず、読むことは相変わらずつらい作業となり、読み進むことの妨げとなってしまうのである。

　スキミングをするときに意識したいのが、一度に読み取る文字数についてである（ステップ1で本文以外の文を読むとき、ステップ5でスピードリーディングをするとき、ステップ6でレビューをするときも同様である）。
　普段、次のような文章をどのように読んでいるだろうか。一度にどのくらいの文字数、あるいは、いくつのセンテンスを読み取っているか、という質問である。

　　「本を苦痛なく読めるようになりたい。できれば1日1冊は読みたい。それをぜひ実現したい」

これを次のようには読んでいないはずである。

　　「本を、苦、痛、なく、読、める…」

このようにではなく、誰もが少なくとも言葉ごとに区切りを付けて読んでいる（読めている）はずである。

　　「本を、苦痛なく、読める、ように、なりたい」

または

> 「本を苦痛なく、読めるように、なりたい」

といった読み方になるのではないだろうか。あるいは、このセンテンスくらいは、一見するだけで一度に読めているかもしれない。

> 「本を苦痛なく読めるようになりたい」

このくらいの長さのセンテンスであれば、2つ並んでいても一度に読み取れそうに思えないだろうか。

> 「本を苦痛なく読めるようになりたい。できれば1日1冊は読みたい」

センテンス3つではどうだろうか。

> 「本を苦痛なく読めるようになりたい。できれば1日1冊は読みたい。それをぜひ実現したい」

一度に読み取ることは難しいとしても、そうしようと意識することで、3つのセンテンスが伝えることを読み取るスピードは速くなるものである。よく知っている分野の話や、簡単と感じる内容の文章であれば、特に積極的に試してみるとよいだろう。

「書かれたことの意味をつかみ取る」という意識を持つと、文章の意味をすばやく読み取れるようになり、それらの文章がどのくらい重要で、自分にどのくらい必要かという判断もすばやくできるようになっていくだろう。

(2) ドッグイヤー、付箋

スキミングをするうちに、「ここがポイントかもしれない」「後でもっと読むことになりそう」といった箇所が見つかったときには、

ドッグイヤー（Dog ear）をしておこう。

　ドッグイヤーとは、本のページの隅（角）を折り曲げることをいう。折り曲げた部分が、犬の耳（特に下を向いた耳）の形に似ていることから、英語でこのように呼ばれている（図5）。

　借りてきた本などでドッグイヤーができない場合には、付箋を貼ることになる。

　ドッグイヤーや付箋貼りは、スキミングよりも早い段階のプレビューやオーバービューで行なっても、もちろん構わないが、ドッグイヤーや付箋をしたいページは、本文を読むステップ3のスキミングの段階から増えてくるだろう。

　ドッグイヤーしたほうがいい箇所かどうか、はっきり判断が付かないという場合には、思い切ってしてしまうのがコツである。後でやはり大事なことは書かれていなかったとなっても、ドッグイヤーを元に戻せばいいだけのことである。

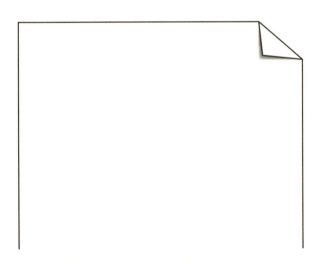

図5　ドッグイヤー（Dog ear）

> **ヒント**

　1回目のスキミングを終えると、本にどんなことが書かれているのか、わかってきた感じがするだろう。目次の構成や各章に書かれた内容も、オーバービューを終えた段階より、クリアに捉えられているはずだ。

　手にした本が、続けて読むべきものかどうかについても、さらによくわかってくるはずだ。

　実は、リーディングハニー6つのステップに取り組みはじめた人たちが、つまずきやすいのは、この1回目のスキミングにおいてである。本にどんなことが書かれていそうかはわかる気がするが、内容について、一字一句読むときのように理解しながら進んでいる感触がないために、これで大丈夫なのかと思え、6つのステップを続けるよりも、一字一句読みたくなってしまうのだ。

　このステップでは、内容についての詳細よりも、本の全体像を捉えようとしていることをよく意識して取り組もう。はじめは心配になってしまった人も、6つのステップを繰り返すうちに、スキミングを行なうことの大切さを実感するものなのである。

〈1回目のスキミングを終えた段階では…〉
　本の構成がおおよそ捉えられ、どんなことが書かれているのか見当が付いてくる。

2.4 ステップ4「スキミング2」(10〜15分)

　ステップ4は、2回目のスキミングである。1回目のスキミングと同じ要領で進んでいくが、2回目のスキミングでは、はじめる前に「どのように読むのか」を決めておく。

(1) どのように読むのかを決める

　ステップ3で1回目のスキミングを終えた時点で、本のおおよその構成がわかり、どんなことが書かれているかも見当が付いてきている。
　ここでもう一度スキミングをする際には、次のaとbのどちらかを選び、「どのように読むのか」を決めておく。
　a　質問設定型
　b　受身型
　aの「質問設定型」は、あらかじめ自分で質問を設定し、スキミングでその答えを探していく方法である。
　漠然と読んでいれば気付かないようなことでも、質問を設定することで、簡単に答えが見つかることは多いものである。
　これは本を読むことに限ったことではない。電車の中でも、同じ車両の中で眼鏡をかけた人の割合はどのくらいか、と質問を設定することで、その答えは簡単に見つかるものだ。皮製の鞄を持っている人は何人いるかという質問も、その質問を設定しているからこそ、答えを見つけることができる。
　スキミングをしていくときも、質問を設定しておくと、その本に

答えが書かれていれば、目に入ってくるものなのである。

　質問設定の例を紹介しよう。『ビジネスで失敗する人の10の法則』（ドナルド・R・キーオ著、山岡洋一訳、日本経済新聞社、2009年）という本は、私が最近「質問設定型」でスキミングした本の１冊である。コカ・コーラ社の元社長であるドナルド・R・キーオ氏により書かれた本であるが、次のような質問を設定してスキミングしてみた。
　①経営者の人格や人柄について書かれた事柄はあるか
　②チームワークあるいは組織内における、従業員の信頼関係といった話は出てくるか
　③マーケティングに関連した事柄は出てくるか
　こうした質問を設定するのだが、慣れてくるまでは１つの質問にしぼってスキミングし、答えを探していけばよい。一度に複数の質問の答えを探すのは、作業が難しくなってしまうため、３つの質問がある場合でも、それなりに上達するまでは、一度に１つずつ行なうことにしよう。
　参考までに、私がスキミングしたところ、本書から①と②の答えとなる箇所は多く見つかったが、③については期待していたほどは見つけることができなかった。
　質問を設定する際の注意事項として、質問はある程度特定的なことにすべきと覚えておこう。たとえば、「アジア市場での事例は出てくるか」という質問は、上記の３つの質問と比べても、より特定的であり、答えは一層見つけやすいだろう。
　逆に、たとえば「著者は経営者として、どんな苦労をしてきたのか」といった質問は、質問の幅が広すぎて、あまりに答えとなる記述が多くなりすぎると考えられ、スキミングで答えを探しにくくなる。

ｂの「受身型」は、特に質問は設定せず、書かれた内容について（著者が述べるポイントを）一通り理解するためにスキミングする方法である。

　本に書かれた内容について、質問を設定できるほど予備知識を持っていない場合や、特に設定したい質問はないときに用いることになる。

　『知的創造の作法』（阿刀田高著、新潮社、2013年）は、最近私が受身型でスキミングした本である。これは小説家の阿刀田高さんにより、アイディアの生み出し方や、作品を創造していくノウハウが著された本である。この本からは、何らか特定の質問の答えを探したいわけではなく、紹介されているノウハウをすべて読みたかったため、受身型を用いた。

　ここでは、私自身がそれぞれの本をａとｂのどちらでスキミングしたかを述べたが、念のために言及しておくと、『ビジネスで失敗する人の10の法則』が質問設定型のスキミングに向いているとか、『知的創造の作法』は受身型によるスキミングがしやすいということではない。

　『ビジネスで失敗する人の10の法則』を受身型でスキミングすることもできるし、『知的創造の作法』に質問設定型のスキミングで取り組むのも、もちろん自由である。

（２）２回目のスキミング

　ａの「質問設定型」か、ｂの「受身型」のどちらかを選んだら、２回目のスキミングをはじめよう。

　指を使って、１ページ２〜３秒のスピードを目安に進んでいく。質問設定型の場合には、質問の答えになると思えるところ、受身型の場合には、著者が述べる話のポイントと思えるところを１行から３行（余程多くても５行）読んで進んでいく。プッシュで読んでい

るか、プルで読んでいるか、意識しながら進めていこう。

　5行よりも多く読みたい箇所が出てきても、それ以上は読まずに、ドッグイヤーをするか、付箋を貼るかして、先へ進んでいく。

　2回目のスキミングも10〜15分で行なうため、その時間内に最後のページまでスキミングできるスピードで進み、読んでいくことを忘れないようにしよう。制限時間を意識することで、その時間内に終了できるようになっていくものである。

　常に、一度に読み取る文字数（あるいはセンテンスの長さ）がどの程度になっているかを意識してみよう。一字一句に目を這わせて読んでいくというよりは、1行か、少なくともその半分くらいは、書かれたことの意味を一度に読み取るつもりで取り組んでみたい。

　1回目のスキミングと同様に、2回目のスキミングも、それを終了した時点で、読んだ部分の内容を完全に理解している必要はない。そのことをよく認識しておこう。

　したがって、a の質問設定型でスキミングし、終了したときには、質問の答えとなることの内容について、必ずしも十分に理解をしている必要はない。

　大事なのは、その答えがあるのに気付いていること、大体どんなことが書かれていそうか、おおまかでよいので見当を付けていること、そしてドッグイヤーか付箋でそれらが書かれたページを（これもすべてでなくてよいので）特定できていることだ。

　b の受身型でも、スキミングが終わったときに、著者が述べるポイントをすべて、あるいは、それぞれしっかりと理解している必要はない。この場合にも大事なのは、著者の述べるポイントには、おおよそどんなことがあるのか、何となくでも構わないので見当が付き、それらのポイントが書かれたページを（すべてでなくてもよいので）ドッグイヤーか付箋で特定できていることである。

ヒント

　スキミングを含むステップ4までの作業は、本の構成を捉え、どんなことが書かれているのかを把握することを目的に行なってきている。そして、本文は数行ずつ読みながら進んできただけである。
　したがって通常は、ここまでの作業で本に書かれた詳細までは理解できていないのが普通である（リーディングハニー6つのステップに慣れ、上達してくると、ここまでのステップで十分に内容を理解し、必要なポイントを理解できるようになるものではあるが）。
　たとえるなら、ここまでのステップでは、プレビュー、オーバービュー、スキミングをすることによって、旅行の下見をしたようなものである。
　知らない街を訪れて、限られた時間で有意義な観光をするために、街全体の様子や、おもしろいスポットがありそうかどうかを事前にチェックしてみたところだ。この段階では、じっくり観てみたいと思う場所がどのくらいあるか、逆に立ち寄っても仕方がなさそうなところもあるか、おおよそ把握できている。もう観てしまったところもあり、下見をしていなかったときと比べると、街のことがかなりわかってきて、短時間でも充実した観光ができそうな状態である。

　スキミングでは、練習を重ねると、設定した質問の答えや、著者の述べるポイントが上手く拾えるようになってくるものだが、十分に慣れてくるまでは、内容が簡単と思える本で練習することを勧めたい。
　文字数も少なめで、予備知識がなくてもラクに理解できる本、自分が得意な分野の本や、読みたくて仕方がないと思っている本などで練習しよう。自分にとって難しい内容の本や、あまり感心を持っていない分野の本を使うと、スキミングで必要なポイントを拾うこ

とを難しく感じ、イヤになってしまうだろう。練習では、上手くできた経験を積み重ねることが大切なのである。

　また、スキミングが上手くできていないと感じる場合には、スキミングする回数を増やしてもよいが、一定の練習期間の後には、2回のスキミング（ステップ3のスキミング1とステップ4のスキミング2、それぞれ1回ずつ）のみで、本の全体像や書かれた内容を把握してしまうよう心掛けてほしい。2回以上のスキミングを癖（くせ）にはしないためである。

〈2回目のスキミングを終えた段階では…〉
　本の構成や、どんなことが書かれているかについて、よく把握できた状態になっている。
　aの質問設定型でスキミングした場合は、「質問の答えがどのくらい書かれていそうか」がわかっている。
　bの受身型でスキミングした場合は、「著者の述べるポイントには、どんな事柄がありそうか」をおおよそ把握できている。
　いずれの方法でスキミングした場合でも、質問の答えや著者の述べるポイントについて、はっきりと理解できていれば、それに越したことはないが、詳細まで理解できている必要はない。
　次のステップ5でスピードリーディングをする準備ができていることが肝心である。

2.5 ステップ5「スピードリーディング」(30〜40分)

　スピードリーディングは、本文のはじめから終わりまでを一気に読んでいくことを意味する。スピードリーディングをしながら、ステップ4で質問設定型のスキミングをしていれば、質問の答えになる部分、受身型でスキミングしていれば、著者が述べるポイントをそれぞれ見つけ出していく。

　ステップ4までの作業で、すでに見つけてしまった答えやポイントもあるだろう。スピードリーディングでは、スキミングでまだ拾えていない答えやポイントも探して、読み取っていこう。

　もちろん、ステップ4で質問設定をしていた人が、質問の答え以外の部分を合わせて読んでも何ら問題があるわけではない。制限時間の30〜40分を目安に、読みたいところをすべて読んでいこう。

(1) スピードリーディングする

　ステップ4を終了した段階で、以下の事柄について、おおよその把握ができているはずである。

- 何について書かれた本か
- 全体はどういう構成なのか
- 各章、各節に何が書かれているか
- どんなポイントがあるのか
- 自分に必要なことは、どのくらい書かれているか
- 自分に必要のないことは、どのくらい書かれているか

さらには、
- やさしそうなところ（＝簡単に理解できそうなところ）
- 難しそうなところ（＝理解するのに時間がかかりそうなところ）

についても、それぞれどのくらいありそうか、わかっているはずである。

　そして自ら設定した質問の答えになりそうな箇所や、著者の述べるポイントを（一部かもしれないが）特定し、ドッグイヤーか付箋をしている。また、すでに理解できた答えやポイントもある。

　これは、第1章に登場した「全体の見える先輩」が、どんな本なのか親切に説明してくれた状態＝「何の話かよく理解できている状態」にあることを意味する。

　この状態にあれば、ステップ1～4の作業を行わず、いきなりはじめから一字一句読みはじめる場合と比べて、随分と速いスピードで読んでいけることがわかるだろう。自分に必要な箇所と、そうでない箇所も（ある程度かもしれないが）わかっているため、必要でないから読み飛ばすという判断も容易にできる状態にある。

　本文のはじめからスピードリーディングをしていこう。スピードリーディングをはじめる前もその最中も、目次を見ることや、本全体のどこにいるのか確認することを忘れないようにしよう。

　ドッグイヤーか付箋をしてある箇所は、質問の答えか、ポイントが書かれているページである。スキミングでは、読む行数に余程多くても5行までという制限を加えていたが、スピードリーディングでは、まだ読んでいないところもしっかりと読んでみよう。

　ステップ4までのスキルが向上し、スキミング2を終えるまでに、自分が読むべきポイントは、すべてドッグイヤーか付箋をできていると確信が持てる場合には、それらのページだけスピードリーディ

ングすれば大丈夫である。あるいは、その本から読むべき箇所は少ないことがわかって、それらのすべてにドッグイヤーか付箋ができているようなケースも同様である。

（2）ペーサーとブロックを使う

　スピードリーディングでは、多くの文字を続けて読んでいくため、指を使うことにより、できるだけラクに目が文字を追えるようにしたい。指を使わなくても、文字を追っていくことはできるし、むしろ指を使わないほうがラクに文字を追えると思う人もいるかもしれないが、私たちは1冊の本を30〜40分でスピードリーディングし、場合によっては、続けて何冊もの本を読もうとしているため、ラクに文字を追うための工夫はあったほうがよい。

　ペーサー（Pacer）とは、指を文章に這わせて、指にペースメーカーのような役割を持たせた状態のことをいう。指を使って、目で追うセンテンスや、視点が当たる箇所を特定し、前へ前へと進みやすくするのである。ステップ3で紹介したプッシュとプルを思い出して、指を這わせる位置（たとえば、ページの中心、または右端など）についてもいろいろと試してみてほしい。目が文字を追いやすくなる、自分にあった指の這わせ方を見つけよう。

　ブロック（Block）とは、読んでいるセンテンスと、それに続く数行のセンテンス以外の文を指や手を使って隠すことである。目に見える文字数、センテンスの数を減らすことで、特定のセンテンス（読んでいるセンテンス）を目で追いやすくするのである。
　もともと、たくさんのセンテンスの中の1行を追い続けるのは、非常に疲れる作業なのである。たとえば25行ある中の1行を追うことは、5行の中の1行を追う作業に比べて、疲れやすいものだ。

逆にいえば、25行の中の1行より、5行の中の1行のほうがラクに追うことができるし、すばやく追い続けることができる。

これは本の中の文に限ったことではない。たとえば100個あるクリップの中から、わずかにデザインが異なる1つのクリップを探すのはやっかいな作業であり、100個の中からよりは25個の中からのほうが見つけやすい。そして、25個のクリップの中からそのクリップを見つけたいときには、それら25個のクリップをさらに5個ずつに分け、その5個の中から探していくのがラクに速く見つける方法なのである。

そのため本のページを見たときも、どんどんと読み進んでいくときには、余分なセンテンスを隠して、目に入る行数を少なくしてしまうと、センテンスを追う作業がラクになるのである。たくさんのページを一気に読んでいくときには、ぜひ勧めたい方法である。

どんなふうに指や手を使ってブロックするのも自由であるから、工夫して文字が追いやすくなるようにしてほしい。

ペーサーとブロックは、必要に応じて合わせて両方使いながら、スピードリーディングを続けてほしい。一度に読み取る文字数(あるいはセンテンスの長さ)について意識して、前へ前へと進みながら、「書かれていることの要点をつかむ」「パラグラフごとに意味を押さえる」つもりで読んでいくのがコツである。

(3) ペンでチェッキングする

スピードリーディンでは、質問の答えと思う箇所、著者の述べるポイントと思う箇所、その他にも大事だと思う箇所に、ペンでチェッキングをしながら進んでいく。

質問の答えと思う箇所も、著者の述べるポイントと思う箇所も、必ずしもすべてチェッキングする必要はなく、自分に必要ないと思

うところは、チェッキングしなくてもよいが、どちらか迷うような場合には一応チェッキングして、どんどん前へ進んでいこう。

スピードリーディングでは、読む必要がないと思う箇所を除いて、本文をすべて一通り読んでいくが、このときにも、実は必ずしも読んだことを完全に理解しなくてもよいことを覚えておこう。

スピードリーディングに続くステップ6のレビューで、チェッキングした箇所をあらためて読み返すため、スピードリーディングの際には、きちんと理解できていない箇所が残っていても、必要なところをチェッキングさえしてあれば大丈夫なのだ。

チェッキングをしておくと、後ですぐにその箇所を見つけられるため、その時点でよく理解できないところも、自分に必要かはっきりわからないところも、とりあえずチェッキングしたまま、気楽に前へ進んでいけばよい。

もちろんスピードリーディングの間に、理解できることはしたほうがよいが、ポイントだとわかっても、もともと理解することが難しかったり、解釈に時間がかかることはあるものだ。

あるいは、それほど難しい内容でないことでも、チェッキングしておいて、ステップ6のレビューの段階で、すべてきちんと理解すると決めておいても構わない。本の一部に囚われて前に進めなくなるよりは、そのほうがよいのである。

このような理由から、チェッキングは非常に便利なことである。借りてきた本などではチェッキングができないため、代わりに付箋を貼ることになるであろう。

（4）リーディングのスピードを使い分ける

本文のはじめから終わりまでを一気に読むというと、はじめから終わりまで同じ速度で進んでいくイメージを持つかもしれないが、スピードリーディングでは、同じ一定の速度で読み進むのではなく、

いくつかの異なるスピードで読んでいくのが普通である。

　スピードリーディングをはじめるまでの段階で、スキミングなどを行なってきたことから、読む必要がないとわかっている部分も、おおよそ内容を理解できている部分もある。また、スピードリーディングでしっかり読みたい部分にも、あっさり読める部分と、そうとはいえない部分、または、少し考えないとチェッキングすべきか判断できない部分なども出てくるだろう。

　こうした理由から、それぞれの部分を読むときに、速度が変わるのはおかしいことではない。むしろ、そのことを意識しておかないと、読み進む速度が落ちたときに、上手く読めていないのかと心配になってしまうかもしれない。

　ステップ4のスキミングを終えた段階のところで、旅行の下見というたとえを挙げたが、限られた時間で街を観光するときも、同じ一定の速度で進んでいけるとは限らないだろう。スムーズに観てまわれるスポットもあれば、混み合って歩きにくい通りや、入場までしばらく列に並ぶ場所もあるはずである。

　スピードリーディングでは、このように速度を使い分けながら、30〜40分で最後のページにたどり着くように読み進んでいく。しっかり理解したいから余分に時間をかけたいと思うこともあるかもしれないが、30〜40分でスピードリーディングし終わるようにトライすることが大切だ。

　慣れるまではもちろん、上達してからでも同じなのだが、スピードリーディングに1時間かけてもよいと考えた時点で、1時間かかるようになってしまうものである。そのため、30〜40分ではもともと読み終えられない分量の本でない限りは、制限時間を守ることを意識してほしい。

　さあ、次は最後のステップ「レビュー」である。

2.6
ステップ6「レビュー」(10分)

　スピードリーディングを終えた時点で、チェッキングした箇所が残っている。
　本により、チェッキングした箇所がたくさんあったり、逆に少ないこともあるだろうが、本全体の分量と比べると、チェッキングした箇所は、おおむね意外と少ないと感じることが多いのではないだろうか。

(1) チェッキングした箇所を読み返す

　チェッキングした箇所が、その本から探していたことが書かれている部分である。このステップ6のレビューで、それらの箇所をあらためてしっかりと読んでみよう。

(2)「難解な本」を読んだ場合

　チェッキングした箇所は、一読してあっさりと理解できることもあれば、じっくり読み込まないと簡単には理解できないこともあるだろう。
　「難解な本」（＝たとえば、数式のたくさん入った学術書、予備知識が必要な本、じっくり考えないと理解できない本、試験の参考書など）を読んだときには、「設定した質問の答え」や「著者の述べるポイント」がどこに書かれているかわかっても、その内容を理解するには、それ相当の時間を要する。
　リーディングハニー6つのステップでは、レビューの時間を10

分としているが、このような場合には、余分に時間を取る必要が生じるだろう。

場合によっては、それが非常に長い時間となることもあるだろうが、「難解な本」であっても、ステップ１〜４までの時間を長く取るのではなく、（ステップ５、そして特に）このステップ６において必要に応じた時間を使うという考え方で取り組むことが大切である。

本の構成と全体像を先に十分理解した上で、大事な部分にじっくりと取り組んでいくのである。

ヒント

リーディングハニー６つのステップ、ステップ１〜６を行なうことにより、

「何の話か理解できている状態」をつくり出し、

「各章、各節に何が書かれているか」、

「話はどのように展開するのか（＝全体の構成）」を捉え、

「自分にとって大切なポイント」または、

「著者の述べるポイント」を読み取ってきた。

本の全体像を捉えて、そこから詳細を読み取ってきたのである。

大事だと思った部分にはチェッキングをしたが、それらの箇所は時間が経ってからでも、目次と合わせて目を通すと、何が書かれていたのかよく思い出せるものである。

2.7 プラスアルファのアドバイス

　ここでは、リーディングハニー6つのステップで本を読んでいく際の注意点を述べておきたい。

（1）ページ数の多い本などを読むとき
　リーディングハニー6つのステップに用いる時間については、300ページ弱くらいまでの長さの本を想定しているが、ページ数がもっと多い本を読む場合には、各ステップの時間を長めにとって、6つのステップを進めるとよい。
　もしページ数が相当に多く、各ステップの時間を長く取る方法では上手くいかないと思うときには、その本の1章ごとにステップ2からステップ6を行なってみてほしい。
　その際に各ステップで用いる時間は、適切と思える時間を考え、割り当てればよい。
　時折、内容が難しいというよりも、文章の読みにくい本もあるが、そのような本についても同じような読み方が助けになることがある。

（2）練習を重ねるときに
　リーディングハニー6つのステップで本を読むスキルは、徐々に身に付いていくものである。はじめは「できている」という実感が得られない人も、次第によい感触を得ていくものだ。はじめから高いレベルで使いこなせる人もいるが、練習を重ねることにより、さらにレベルアップしていくものである。

誰しも、まず10冊くらいの本には、6つのステップに慣れるためのの練習と考えて取り組んでほしい。その際の重要な注意点だが、それは、できるだけ簡単な本で練習をすることである（ステップ4の「ヒント」の中でも、スキミングの練習について同様のことを述べた）。

6つのステップは、300ページ弱くらいまでの本を想定して時間を割り当てているが、はじめの10冊くらいの練習に取り組む間は、できるだけページ数も少なく、文字も大きい（＝文字数が少ない）本を選ぶことが大切である。

具体的には150～200ページくらいの新書〔新書判の本。Ｂ6判（128ミリ×182ミリ）より少し小さいサイズの本〕で、内容も比較的簡単に理解できるものが適切である。

それ以上のページ数の本や、理解するのが難しい内容の本を選んでしまうと、6つのステップで上手く読むことができなくなってしまうと考えてほしい。これについては練習をする過程において十分に気を付け、選ぶ本は決して間違わないようにしてほしい。

たとえば、2、3冊の簡単な本で6つのステップを試し、まあまあ上手くできたとしても、それからいきなり300ページ以上もある小難しい本を読もうとするのは、よい練習方法ではない。簡単すぎると感じるくらいの本で、6つのステップできちんと読めていることや、そのスキルが上達していくのを実感し続けるのが、よい練習方法なのである。

10冊くらいの簡単な本を使って、それができたら、次第にページ数の多い本や、内容の難しい本に取り組みはじめるようにしよう。

6つのステップについては、「簡単な本で練習しすぎ」ということはないと考え、ぜひ慎重に進めていってほしい。

（3）日々の生活の中で

　日々の生活の中では、ステップ１〜６までを続けて行なう時間の確保が難しいこともあるだろう。ステップ１〜６はおおむね90分程度あればできるが、細切れの時間を上手く利用したいことも出てくるはずである。

　はじめの10冊くらいの練習期間（前項参照）や、まだ６つのステップで読むスキルをマスターできはじめたと感じられない段階では、できるだけ90分くらいの時間を確保して落ち着いて練習してほしいが、そうした期間を過ぎたら上手に時間を利用する工夫をしていこう。

　たとえば通学の電車の中で本を読むことができれば、行きにプレビューとオーバービューを行ない、帰りに２回のスキミングをして、帰宅してからスピードリーディング以降のステップに取り組むという具合だ。

　できるだけステップごとに区切って、ステップの途中で止めなくてもいいように心掛けたいが、やむを得ない場合は各ステップの途中で作業を止めてもよいので、気楽に取り組んでみよう。

　できることなら、ステップ１〜４（スキミング２）までは一度に、あるいは１日の間に行なってしまえると、落ち着いて取り組めている感じがするのではないだろうか。ステップ４（スキミング２）とステップ５（スピードリーディング）の間については、しばらく時間を置いても構わないものである。むしろ少し時間を空けたほうが、本の構成がクリアにわかり、スピードリーディングに取り組みやすいという人たちもいるくらいだ。一晩くらいなら、内容を忘れてしまうこともないはずである。

　６つのステップに慣れ、上達してくると、手にする本が増えてくる。そうするとオーバービューまで終えている本が２冊、スキミン

グ２まで終えている本も２冊ある、といった状態もめずらしくなくなるだろう。いかにもリーディングハニー６つのステップで本を読み付けている感じである。むやみに途中のステップで止まっている本を増やすのも考え物だが、十分に上達してからは、それも上手に調整できるようになっていくものである。

「リーディングハニー6つのステップ」一覧表

ステップ6 「レビュー」（10分）
チェッキングした箇所だけ読み返す
➡ここが必要だった箇所である

ステップ5 「スピードリーディング」（30〜40分）
（1）スピードリーディングする
　　・本全部またはドッグイヤー、付箋をしたページを
　　　スピードリーディングする
　　・目次、全体を見て、構成を確認しながら
（2）ペーサーとブロックを使う
（3）ペンでチェッキングする
（4）リーディングのスピードを使い分ける

ステップ4 「スキミング2」（10〜15分）
（1）どのように読むのか決める
　　a 質問設定型
　　　質問を設定し、その答えを探す
　　b 受身型
　　　書いてあること、著者の述べるポイントを一通り読む
（2）2回目のスキミング
　　・もう一度スキミングする
　　・aかb、いずれかを意識して行なう

ステップ1「プレビュー」(3〜5分)

（1）カバー、袖、帯――見て外す
　　　ハガキ、しおり――取る
（2）ページ数確認
（3）奥付、著者紹介、前書き、後書き、解説、索引、参考文献など
（4）目次をじっくり見る
　　　章立て、構成を把握する

ステップ2「オーバービュー」(10分)

（1）1ページずつ、はじめから終わりまで見る
　　・「どんな言葉が使われているか」
　　・同じペースで、リズミカルに
　　・読まずに見る
　　・ページを飛ばさない
　　・内容に見当をつける
（2）もう一度、繰り返す
　　・見出し、小見出し、太字
　　・1回目よりも意識的にキーワードを拾う
　　・構成、分量を把握しながら
　　・まだ読まない
（3）目次を見直す

ステップ3「スキミング1」(10〜15分)

（1）1回目のスキミング
　　・必ず指を使い、はじめから終わりまで
　　　1ページずつ書いてあることを追っていく
　　・キーワードの周辺、気になるところの周辺だけを読む
　　　（ここではじめて本文を読む）
　　・見出し、小見出し、太字、キーワード、図表、グラフなど
　　・読みすぎない
　　・全体を把握するつもりで
　　・目次を確認しながら
（2）ドッグイヤー、付箋

コラム2

「リーディングハニー6つのステップ」を学んだら やってみたい
――手に取った本が、その分野全体のどこに位置する本なのかを知る

　テレビを見ていて、番組の出演者である心理学者が「社会心理学」という言葉を口にしたのを聞いたとしよう。社会心理についてのエピソードもおもしろかったので、何となく興味を持った。そして、別の出演者が話した「行動心理学」の話も印象に残った。

　心理学という学問には、どういう分野があるのか――これを君ならどう調べるだろう。とりあえずネットを見たりするだろうが、リーディングハニーを学んだ人であれば、図書館で何冊かの本を手に取り、上手に調べることができるはずだ。

　興味を持ったテーマの全体像を捉えて、全体像の中でそのテーマがどんなところに位置しているのかを知る――これはきちんとできれば、ちょっとしたスキルだといえる。

　心理学でなくとも、どんな分野でも同じである。たとえば、ワントゥワン・マーケティング（マーケティング手法の1つ）という用語を耳にして、その説明を聞いたとしよう。

　そのときに、ワントゥワン・マーケティングというのは、数あるマーケティング手法（マーケティング手法の全体像）の中で、どんな位置づけにあるのかを知るとよい。そうすることが、ワントゥワン・マーケティングをさらによく理解する方法でもあるのだ。

　心理学に話を戻すが、まずは図書館に出向いて、どんな本を手に取るか。おそらく入門書で、基礎的な解説がされている本を選ぶの

ではないだろうか。

　6つのステップを学んでいれば、まずはプレビューで奥付を見てから、目次をじっくりと見ることで、全体に何が書かれているかを知ろうとするだろう。オーバービューをして、どんな言葉が出てくるかを見て、また目次で全体を捉えていく。

　目次の中に、たとえば、発達心理、異性間心理、社会心理、深層心理といった章が並ぶのを見つけたとしよう。これが（入門書に出てくる範囲内ではあるが）心理学のさまざまな分野を見て、その中に「社会心理学」があるのを見ている状態である。「社会心理学」という用語だけを聞き、他にどんな分野があるのか、まったく知らない状態とは違いが出てきているのがわかるだろう。

　しかし同時に、その本の中には「行動心理学」という分野は見つけられなかったとしよう。この際には、別の本を手に取ってプレビューとオーバービュー、必要に応じてスキミングもしながら「行動心理学」を探していくことになるだろう。

　その過程で、なぜ先程の本には載っていないのか、「行動心理学」というのは全体の中でどういう位置づけなのか、といった疑問がわいてくるはずである。

　それを調べようとすると、本を2冊だけでなく、さらに多く手に取っていくことになるかもしれない。

　これは6つのステップを応用しながら使っていく1つの方法であるから、ぜひ試してほしい。こうした取り組みをすることで、調べているテーマについても、本そのものについても、どんどん詳しくなっていくのである。

第 3 章
実践応用編

　ここからは第2章までに学んだリーディングハニー6つのステップを使って、大学生として日々接する読み物に、どう取り組んでいけばよいのかを学んでいこう。

　新書やビジネス書、ハウツーものと呼ばれる類の本には、第2章で説明したリーディングハニー6つのステップをそのまま適用できるだろう。

　ここでは、講義の配布資料、新聞記事、就職活動に関する本、論文、学術書などを読む際に、どのようにリーディングハニー6つのステップを応用させるのか、その具体的な手順や注意点を見ていきたい。

　一度に読み取る文字数（あるいはセンテンスの長さ）については、3.1～3.6節では特に言及していないが、文章を読むときには常に心掛けてほしい。〔第2章2.3節の (1) 参照〕

3.1　講義の配布資料を読む
3.2　ネットからプリントした記事を読む
3.3　新聞記事を読む
3.4　就職活動に関する本を読む
3.5　論文を読む
3.6　学術書／専門書を読む

3.1 講義の配布資料を読む

　これは本書で扱う中でも、最もやさしく読めるはずの文献である。講義の配布資料といってもさまざまなものがあるが、ここではわずか1ページのシラバス（授業の概要・計画）の読み方を考察してみたい（図6）。

　たった1ページのシラバスに、6つのステップを使う必要があるのか疑問に思うかもしれないが、答えはイエスである。何を読むときにも「速読についての考え方」を具体化した「リーディングハニー6つステップ」を用いることで、ラクに速く読んでいくことができるのである。

(1) ステップ1「プレビュー」

　ここではページ数を1ページとしているが、これが数ページに及ぶような場合には、何ページあるのかを必ず確認してからはじめるようにしよう。

　プレビューでは、本であれば、奥付で発行年月日や著者名を確認する。シラバスでも、記載された日付や教員名を確認しよう。図では右上に記載されている。

　シラバスに目次はないが、見出しがあれば、目次を見るようなつもりで、それらを見てみる。図には、まずタイトルがあり、それから「科目概要」、「教材・参考文献」、「提出課題・試験」と続いている。一字一句はじめから読んでいくのではなく、はじめに、全体にどんなことが書かれているのか把握するのが大切である。

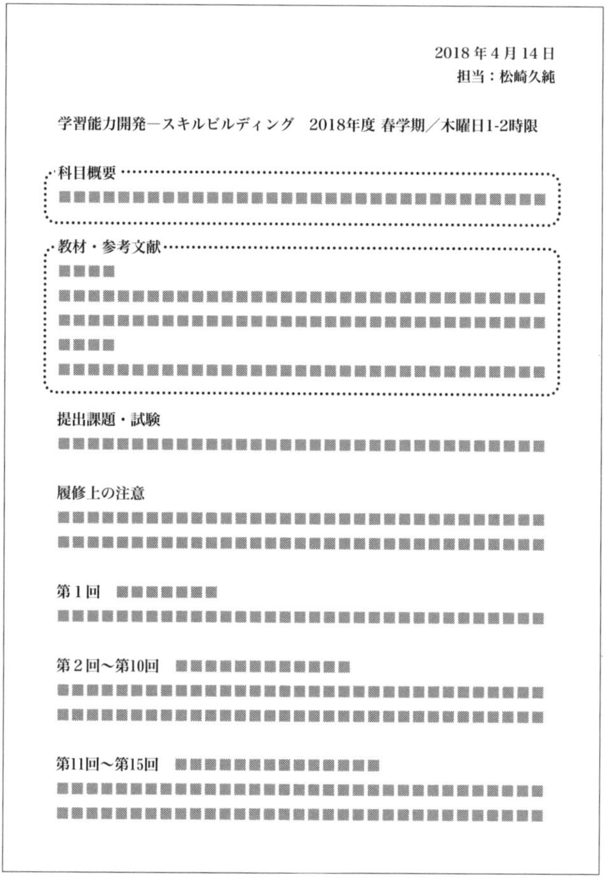

図6　配布資料1

（2）ステップ2「オーバービュー」

　本であれば、1ページずつ、はじめから終わりまで見ていくステップである。今回のシラバスは1ページ（A4用紙と想定して、おおよそ本の2ページ分と換算できる）だけなので、1ページずつめくっていく必要はない。その代わりに、まずは、ページの上半分、

下半分という感じに分けて、それぞれに「どんな言葉が使われているか」を見てみよう。これは何度繰り返し行なってもよい。

そうしたら今後は、見出し(「科目概要」、「教材・参考文献」などと書かれた箇所)に書かれた事柄ごと(図の点線枠を参照)に、「どんな言葉が使われているか」を見ていく。

オーバービューの段階では、読まずに見ていくだけであることを覚えているだろうか。本文を読みはじめる前に、使われている文字を見て、どんなことが書かれていそうか見当を付けてしまうのである。

オーバービューは、どんなことが書かれていそうかわかってきて、本文を抵抗なくすんなり読みはじめられそうに感じるまで、何度も続けてみよう。

本の場合は、オーバービューの最後(あるいは途中にも、または両方でもよい)に目次を見直すが、シラバスの場合には、見出しを再度じっくりと見てみよう。

(3) ステップ3「スキミング1」

1ページしか分量がないため、文章を読みはじめる前にスキミングするのは、じれったく感じるかもしれないが、ここではしっかりと指を使ったスキミングをしてみたい。ランダムに読む箇所を選んで、数行読んで先に進んでいけば大丈夫だ。1ページ進む間に何度か指を止めて、何行かずつ読んでみよう。

この段階では、読んだことの内容を理解する必要はない。スキミングをする間は、どんなことが書かれているのか、何となく把握できている程度で十分である。

スキミングのスキル上達に伴い、スキミングするだけでわかることが増えてくるものではあるが、もしよく理解できないと感じていたとしても、そこで特定の箇所を読み込むのではなく、あくまでも

数行に目を通して、先へ進むことを忘れないようにしよう。

　太字になっている箇所や、下線が引かれているような箇所があれば、それらには目を通しておきたい。

（4）ステップ4「スキミング2」

　シラバスから授業の概要を知ろうとする場合には、受身型のスキミングになると考えられるが、特定の質問だけがある場合には、質問設定型で2回目のスキミングを行なう。1ページしかないシラバスでは、（ステップ3のスキミング1と合わせると）このステップが終わるまでに、大半の文章に目を通せてしまうかもしれない。

（5）ステップ5「スピードリーディング」

　はじめから終わりまで読んでいこう。もう一度タイトルと見出しに目を通してからはじめよう。

　たった1ページでも、指を使って、ペーサーかブロックをしながら読むようにする。必要に応じて、大事だと思う箇所にチェッキングをしよう。

　1ページの中にも、さっと読めて理解できるところと、じっくりと考えながら読むべきところがあるかもしれない。そのときには、リーディングするスピードが変わるものであるから、速度が落ちることがあっても心配せず進んでいこう。

（6）ステップ6「レビュー」

　シラバスであれば、すべてが必要な情報ではあるだろうが、チェッキングをした箇所には、もう一度目を通してみよう。

> **ヒント**

　ステップ5でスピードリーディングをはじめるまでは、見る作業と数行のみ読む作業をしているだけで、文章を読み続けるということはしていない。だが、ステップ4で2回目のスキミングを終えるまでに、内容に見当が付くはずであるから、ぜひそのことを実感してほしい。

　1ページの配布資料を6つのステップで読むことは、6つのステップの要領を身に付けていくためにも、ぜひ取り組むべきことである。

3.2 ネットからプリントした記事を読む

　前項の配布資料（シラバス）は、1ページだけのものであったが、ここでは2ページから10ページくらいの資料をイメージしてみよう。

　図7には、インターネットからコピーペーストした文章で、A4用紙で3ページの資料が示してある。

　前項のシラバスは、1ページだけしかないため、それを読めない学生は少ない。しかし、このくらいの文字数になってくると、配布したその場でさっと目を通して、内容に見当を付けられる学生はわずかで、次回の授業までに読んでこられる学生はそれなりにはいるものだが、書かれていることを試験に出題するとでもしない限り、なかなか読んでこない学生や、結局のところ読まない学生の数は多いものである。

　つまり、この程度（A4用紙で数ページ）の資料になると、読むことのできない学生は多いのだ。

　これまでに私は、就職活動の経過が芳しくなく、なかなか内定を獲得できない学生に、面接で話す際の注意点を書いた資料を渡したことがある。私は企業から面接官として、採用面接に立ち会う依頼をされることもあり、面接官の側がどんな質問をして、学生はどんな答えをすると合格しやすいのかを知っているつもりである。そのため、その学生の話すことや話し方を聞いた上で、本人が必ず知っておくべきと思える情報を図のような形式（A4用紙で3ページ）にして渡したのだ。

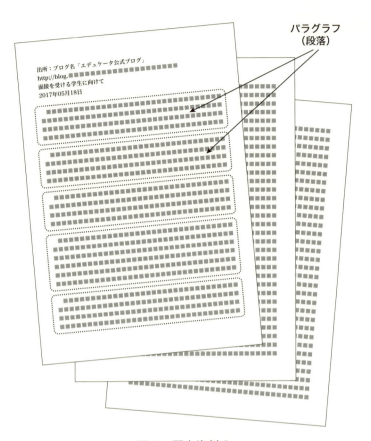

図7　配布資料2

　学生は資料をもらったことに対しては礼を述べてきたのだが、少し経ってから話してみると、実際には資料は読んでいないことがわかり、非常に残念に思えた。読めない学生というのは、それほどまでに大事な資料で、しかもわずかA4用紙3ページあっても、読むことがないのである。
　普段、授業などで配布された資料を読んでこない学生は、自分の

意思で「読んでいない」「読まないことにした」と考えていることが多い。別のいい方をすれば、彼らは自分が「読もうと思えば読める」と思っているのだが、それは事実ではないことが多い。実際のところ、たった3ページの資料を読むことが、彼らにとってはつらすぎる作業であり、読むことができないのである。

　もし、わずか数ページの配布資料を読むことに苦痛を感じる人がいれば、ぜひこの機会に、次の解説を参考にして練習してほしい。6つのステップを上手に使って読むことに慣れれば、資料のポイントをラクに押さえていけるようになるであろう。

(1) ステップ1「プレビュー」

　インターネットからコピーペーストされたという記事が、配布資料として手渡されたと想定してほしい。

　この際には、何枚あるのか、片面印刷か両面印刷かといったことを確認しよう。図の配布資料は、A4サイズの片面印刷が3枚であり、したがって文章が書かれたページは3ページある。

　資料の冒頭、あるいは終わりには、タイトルや日付などが記載されているはずである。今回の資料には、冒頭に、出所としてブログ名やそのアドレスも記されている。

　目次となるものはあるか確認してみよう。この資料には、目次や見出しはなく、文章がベタ打ちされているだけのようだ。しかしながら、もし章や節のある記事なら、それらをヒントにして、全体の構成を把握しようとすることが大切である。

(2) ステップ2「オーバービュー」

　配布資料の中に「どんな言葉が使われているか」を見ていく作業である。本であれば1ページずつ順に見ていくが、A4用紙では1ページが本の2ページに相当すると考え、A4用紙の上半分と下半

分に分けて、それぞれ1秒ほどのスピードで見ていこう。

　何度か繰り返したら、今後はパラグラフ（段落）（図の点線枠参照）ごとに見てみよう。「どんな言葉が使われているか」がピンとくるまでやってみよう。パラグラフについては、厳密にどこからどこまでと考えなくても、おおよその感覚で捉えていけばよい。

　まだこの段階では、文章を読みはじめず、見ていくだけの作業をしている。

　この配布資料には見出しはないが、見出しがあるものは、ここでも目次を見るような感覚で見出しを見て、全体の構成を捉えるようにしたい。

（3）ステップ3「スキミング1」

　スキミングについては、ステップ4のスキミング2が終わったときに「どんなことが書かれているか」見当が付いていることが大事である。ステップ3と4を行なっていけば、見当を付けるのは難しいことではないから、丁寧に進めていけば大丈夫である。

　指を使って進んでいき、読む箇所を決めて1行から3行（余程多くても5行）読み、先へ進んでいこう。1ページ進む間に、3回ほど止まって読むのを目安とするとよいだろう。

　数行ずつ読んでいても、この段階では、書かれていることの意味を必ずしもしっかりと理解する必要がないことを覚えておこう。そうした意味では、気楽に3ページ目の終わりまで進んでいけばよいのである。

　途中で内容を把握できないことが心配になって、文章を5行よりも多く読み込んでしまったり、もっとよく理解したいがために何度も読み返したりすることが、よくないパターンとしてあるが、あくまでも数行に目を通すという気持ちで読んでいこう。

　文章の中に太字や下線などで強調されている部分があれば、それ

らには目を通しておこう。

（4）ステップ4「スキミング2」

　2回目のスキミングでは、質問を設定するか、特に質問したいことがなければ受身型でポイントを一通り押さえていく。

　図のインターネットからコピーペーストした記事は、「面接を受ける学生に向けて」というタイトルで、面接の際の注意点などが書かれていそうである。しかもページ数も3ページと短いことから、受身型で読もうと考える人が多いのではないかと思えるが、質問設定型で読みたければ、そうするのも自由である。

　指を使ってスキミングをしていこう。

　質問設定型では、たとえば

　・面接で聞かれることには、どんなことがあるか
　・話し方で注意すべき点は何か

といった質問が考えられる。この答えを探していくのが、質問設定型のスキミングである。

　受身型の場合は、著者の述べるポイントを一通り読んでいくが、その際にはステップ3のスキミング1と同じ要領で、最後まで進んでいけば大丈夫である。

（5）ステップ5「スピードリーディング」

　ステップ4のスキミング2が終わった段階で、「どんなことが書かれているか」がわかってきているはずである。これは文章をはじめから一気に読んでいきやすい状態である。

　ステップ4で質問設定型のスキミングをして、その答えがどこに書かれているか、はっきりわかっている場合には、その答えの部分だけをスピードリーディングすればよい。

　受身型でステップ4を終えている場合や、質問設定型でスキミン

グしたが、他も読みたくなったような場合は、はじめから終わりまで読んでいくことになる。

　３ページだけなので、指を使わなくてもラクに読めるように思えても、ペーサーかブロックは必ず使うことを勧めたい。それを癖にするほうがよいのだ。

　はじめから終わりまで進む間に、読みやすいところもあれば、すでに知っていることが書かれたところも、ゆっくり読まないと意味を理解しにくいところもあるだろう。それぞれリーディングする際のスピードは変わるものであるから、ゆっくりとしか読めない箇所が出てきても、その箇所だけ速く読めていないと心配することはない。

　読みながら、大事なポイントと思うところはチェッキングするようにしよう。読んでいて、意味を十分に理解するのに時間がかかりそうなポイントも、同じようにチェッキングして先へ進んでいこう。そうした箇所は、スピードリーディングの最中に悩まなくても、次のステップ６で読み直せば大丈夫だからである。

（６）ステップ６「レビュー」

　チェッキングした箇所を読み返すステップである。スピードリーディングの最中には、きちんと意味を押さえられなかった箇所もじっくりと読んでみよう。今回の資料のように就職活動の面接に関する記事であれば、ポイントは何度読み返してもよいことばかりだろう。

ヒント

　各ステップで使う時間について、ここではあえて明示していない。どのくらいの時間で６つのステップを終えられるか、ぜひ自分で試

してみてほしい。

　はじめのうちは、たっぷりと各ステップの時間を取ってもよいが、次第に時間を短く設定して練習してみよう。たとえばA4用紙3ページの資料であれば、プレビューに20秒、オーバービューに30秒、スキミング1に1分くらいの時間で試すと、どんな感じがするだろうか。

3.3 新聞記事を読む

　紙の新聞を手に取ったら、ラクにスラスラと読んでいける記事は、その中にどのくらいあるだろうか。そうした読みやすい記事とはどんなものだろうか。

　たとえば、昨夜テレビで見たサッカーの試合に関する記事は読みやすいはずである。読みはじめるときから、それがどんな話だったのか詳細に知っているからである。

　読み進めるのにつらさを感じる記事があれば、それは何の話かわからないまま読み進めているからだ。

　私たちはどんな記事を読む場合でも、6つのステップを使って「昨夜見たサッカーの試合」について読むのに近い状態をつくり上げたいのである。

　新聞記事を読むことについては、
- ・新聞全体を見て、読む記事を選ぶ
- ・選んだ記事を読む

という両方の作業を考察してみたい。

3.3.1 新聞全体を見て、読む記事を選ぶ

　この作業では、ステップ1のプレビューはないと考えてよい。手にした新聞に、たとえば一般紙、経済紙、スポーツ紙といった違いや、朝刊か夕刊かという違いはあるが、どんな新聞を手にしているのかはすでにわかっているだろう。

（1）ステップ2「オーバービュー」

　新聞の紙面を1面ずつ順に見ていく。できれば新聞を机やテーブルの上に広げて置くとよい。見出しや写真などを中心に、おおまかに見ていこう。時間については、1面につき数秒使えばよいだろう。

　一般紙であれば、一面記事があり、政治、経済、国際、マーケット、スポーツなどの記事が載った面のほか、社説やコラムなどもある。もし、読まないとわかっている面がある（たとえば生活・文化面には感心がなく、読まないと決めているような）場合には、その面は飛ばしていけばよいが、特にそのような面や欄がない場合にはすべてを見ていこう。

　（リーディングハニー6つのステップを用いて新聞記事を読むという目的ではなくても、新聞のすべての面を見て、「どんな記事や広告が載っているか」をチェックすることは習慣にするよう勧めておきたい。）

（2）ステップ3「スキミング1」

　新聞の各面をスキミングしていく。1面ずつ眺めながら、気になる記事の2、3行を読んで、その先あるいは別の記事へ移っていけばよい。目を通す2、3行（余程多くても5行）には見出しが入っていても大丈夫であるし、その2、3行なりが記事に掲載された写真や図表の解説文であっても大丈夫である。

　時折、感心のない記事や、目に付きにくかった文章にわざと目を通すのもよいだろう。1面につき、数カ所をスキミングしたら、次の面へ進んでいこう。

　どのような記事が載っているかをチェックしているだけであるから、記事の内容を理解する必要はない。むしろ、おもしろそうに思える記事も、読み込まないで、少し読んだら先へ進む。それを繰り

返して最後まで進んでいくことが大切である。

　時間は、はじめから終わりまでを2、3分を目安に行なってみよう。

（3）ステップ4「スキミング2」

　2回目のスキミングは1回目と同じことをすればよいが、もし探しているニュースがあれば、質問設定型のスキミングで答えを探すような要領で、そのニュースや関連した記事が載っていないか探してみよう。

　それほど特定的なニュースでなくても、たとえば「日本企業の海外拠点におけるニュース」「自動車メーカーに関するニュース」「製品開発に関するニュース」という探し方で、記事が見つかるかもしれない。

ヒント

　続くスピードリーディングとレビューは、それぞれ個別の記事で行なっていく。そのため新聞全体を見て記事を選ぶ作業は、ステップ4で2回目のスキミングを行ない、どの記事を読みたいか、おおよその見当を付けたら終了である。

3.3.2 選んだ記事を読む

　さあ、ここからは選んだ記事を読んでいく作業だが、ここでもステップ1のプレビューはないため、ステップ2からはじめていくことになる。

　新聞記事は、（ある程度の長い記事になると）「見出し」「リード文」「本文」により構成されているのが普通である。リード文とは、

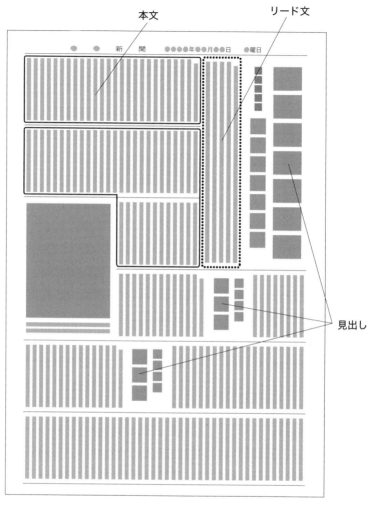

図8 新聞記事

比較的長い記事に用いられるもので、記事の内容が短くまとめられ、述べられた文章である。図8の記事では、3つある括りの点線のものがリード文になっている。

　新聞記事の中には、図のように複数の見出しのある記事（最も大

きな見出しが、「主見出し」「ヘッドライン」などと呼ばれる）もあれば、見出しは1つだけのものや、リード文のない記事もある。

（1）ステップ2「オーバービュー」

　図8のような記事を例に説明していきたい。

　オーバービューは、本であれば、はじめから終わりまで1ページずつ見ていくが、新聞記事では、1ページの代わりに、1つあるいは2つの段落ごとに、「どんな言葉が使われているか」を見ていく。図の文字を括った枠くらいの分量を一度に見るイメージだ（一度に見る分量を厳密に決める必要はないので、あくまでも目安として捉えてほしい）。

　見出しや写真、図表もあれば合わせて見ていこう。この段階では、まだ読む必要はなく、文字などを見ていくだけである。むしろこの段階では、読み出さないように気を付けて、どんな言葉が出てくるかつかめるまで、何度も繰り返し見てみよう。

　図8の記事の場合には見出しが3つあるが、これらの見出しに使われている言葉から、記事がどんな構成か（どんなことが書かれていて、どんな話の流れになっていそうか）見当を付けられるだろうか。そうしたつもりで見ていくことが大切である。

（2）ステップ3「スキミング1」

　新聞記事でも、指を使ってスキミングをしていく。新聞記事では、特に見出しとリード文（があれば、そこ）に書かれたことには、しっかりと目を通したいが、文章は気になるところ、あるいはランダムに選んだところを2、3行（余程多くても5行）程度を読んで、先へ先へと進んでいこう。

　書かれていることをよく理解していなくても構わないので、少しずつ読んで進み、最後までたどり着いた時点で、全体として何が書

かれているかを、何となくでもいいので把握していることが大切である。

（3）ステップ4「スキミング2」

1回目のスキミングを終えた時点で、記事全体にどんなことが書かれていそうか把握でき、「こんなことは書かれていないか」と探したい質問があったときは、その答えを探していく。

受身型で一通り読みたいときは、ここでも1回目のスキミングと同じことを行なっていく。

質問設定型でスキミングする場合も、受身型でする場合も、この2回目のスキミングによって質問の答えを完璧に探し出したり、記事に書かれたポイントをすべてしっかり拾い出す必要はない。いずれの場合も、きちんと答えやポイントを見つけていく作業は、次のステップ5で行なえばよいことを覚えておこう。

（4）ステップ5「スピードリーディング」

ステップ2から4までを終えたら、それをしなかった場合に比べて、記事に書かれたことが「昨夜見たサッカーの試合」のように、すでに知っていることに近づいてきているのではないだろうか。あるいは、記事の内容について誰かからある程度の説明を受けたような状態だ。

ここから記事を一気に読んでいこう。見出しを再度3つとも読んで記事の構成を確認し、ペーサーとブロックを使って読んでいく。質問の答えだけを読めば十分と思える場合を除いて、はじめから終わりまで読んでいこう。必要に応じてチェッキングもしていく。

新聞記事では、リード文が「内容を短くまとめた文章」であり、それに続く本文は、大事なポイント（その記事の中で、発信する側がはじめに伝えたい情報）から順に述べられ、追って詳細が述べら

れていると考えるとよい。そのことを念頭に置いて、読み進めるとよいであろう。

　途中で、読み慣れない内容の事柄や、難しいと思えることが出てきたときは、読む速度が落ちるが、リーディングのスピードはいくつかを使い分けるのが普通であることを思い出して、速度が落ちても焦らず進んでいこう。

　また、理解するためにもっとゆっくり読まないといけないと思う箇所があれば、チェッキングだけして、先に進んでいけば大丈夫である。そうした箇所には、次のレビューで時間を使うことができるのである。

（5）ステップ6「レビュー」

　チェッキングした箇所を読み返してみよう。チェッキングした箇所には、大事なポイントと思った箇所もあれば、この段階でじっくり読みたかった箇所もあり、場合によっては、表を丸ごとチェッキングしているようなこともあるだろう。

　それらの箇所をじっくりと読んでみよう。

ヒント

　選んだ記事を読むときの各ステップでは、使用する時間を明記しなかったが、どのくらいのスピードでステップ6までを終えられるか、ぜひ試してみてほしい。

　まずは速さよりも、しっかりと読んで記事を理解できることが大切である。

　新聞全体を見ることも、記事を読むことも習慣になるように取り組んでほしい。

3.4 就職活動に関する本を読む

　就職活動は、大学生活中に取り組むことの中でも、とりわけ大事なイベントの1つである。

　就職活動について知る方法は、説明会に参加したり、同級生と情報を交換し合ったりするなど、さまざまな方法があるが、やはり本は上手に活用したいところである。

　具体的には、就職活動の全体像（準備から内定を獲得して入社するまでの流れ）から、個別の事柄（情報収集、エントリーシート、自己PRや履歴書、会社説明会、筆記試験対策、面接対策など）まで、しっかり読んで理解しておきたいことや、本を参考にして取り組みたいことは多いはずである。

　できるだけ早い時期に本を手に取り、読みはじめてみよう。

（1）ステップ1「プレビュー」

　カバーや帯を見たら、次に何ページある本なのかを確認しよう。

　カバーでも見ることができたはずだが、奥付を見て、それが何年度の就職活動を対象として出版された本なのかを確かめてみよう。

　どんな著者が書いた本なのか、前書きや後書きには何が書かれているのか、本文以外のところに一通り目を通してみる。そして目次をじっくりと見てみよう。その本に、どんなことが書かれているのかを見るのである。

　手にした本が、就職活動を総合的に紹介している本の場合、目次にはたとえば以下のようなテーマがあり、各章が構成されているだ

ろう。
- 全体像
- 情報収集の仕方
- エントリーシート
- 自己PR、履歴書
- 会社説明会
- 筆記試験対策
- 面接対策
- 内定獲得後

　もし手にした本が、このような総合的な内容のものではなく、エントリーシートや履歴書の書き方だけを詳しく紹介する本であれば、目次には、それらを詳細に解説する（たとえば、自己PR、志望動機、書き方のサンプルといった）テーマが多く並んでいるはずである。
　この段階では、目次をじっくり見ることで、手にした本の中でどんなテーマが扱われているかを確かめることが大切である。

（2）ステップ2「オーバービュー」

　本全体に「どんな言葉が使われているか」を見ていく作業である。1ページずつ、はじめから終わりまで見ていこう。
　プレビューで目次を見た時点で、もし、とりあえず先に「情報収集の仕方」が書かれた章を読んでみたいと思ったとしても、ここでは特定の章だけに囚われることなく、すべてのページを見ていこう。
　オーバービューでは、文章を読まずに見ていくだけである。はじめから終わりまで（終わりからはじめまででもよい）を1ページずつ見ていく作業を2回繰り返そう。太字などで目立たせてある文字は、意識的に見ていくとよいだろう。

必要に応じて、目次は何度見てもよい。全体の構成がどうなっているか、プレビューで目次を見たときよりも理解が深まるよう意識して見ていこう。

（3）ステップ3「スキミング1」

1回目のスキミングである。指を使って進み、気になるところを2、3行（余程多くても5行）読んで、先に進んでいく。たとえば、オーバービューでも見た太字で表記された文字の周辺を読んでもいいだろうし、他にも図表などに目を通していこう。

この段階では、文章を読んでも、書かれたことの意味をしっかり理解する必要はないことを思い出そう。最後まで進んだときに、おおよそどんなことが書かれていたのかわかれば大丈夫である。

スキミングのスキルが上達してくると、2、3行読んで先に進むことを繰り返すだけで、内容に対する理解度が高まってくるものだが、どんなことが書かれているかイメージをつかめればよいと考えて、ラクに最後まで進もう。

途中で目次は何度見返してもよい。全体の中のどのあたりを読んでいるかを確認しながら進んでいこう。

後でじっくり読むことになりそうな箇所があれば、ドッグイヤーをしておこう。

（4）ステップ4「スキミング2」

たとえば就職活動について総合的な解説がしてある本で、知りたい情報が多ければ、本全体を質問設定型でスキミングするのは、質問の数が多くなりすぎて無理が生じるかもしれない。もし、本全体から知りたいことがわずかしかなければ、質問設定型で2回目のスキミングをすれば大丈夫だが、本全体に登場するであろう数多くのポイントを拾っていきたい場合には、受身型でスキミングしてお

う。

> **ヒント** ・・・・・・・・・・・・・・・・・・・・・・・・・・・・・・・・・・・・・・・

　就職活動を総合的に解説している本であれば、各章をそれぞれじっくり読むことが必要になってくるだろう。章によっては、何度も参照することになる事柄や、文章のお手本なども紹介されているはずである。

　このような場合には、（ステップ４に続けて、ステップ５のスピードリーディングを行なうのも、もちろん構わないが、）ステップ４を終えて、本全体に何が書かれていそうか見当が付いてきたら、まずはじめに（あるいは当面）知っておきたい事柄が書かれた章を選び、１章ずつ別々に取り組んでいくのもよい方法である〔本節（２）のステップ２には、オーバービューの段階ではまだこの作業に入らないように、と記した〕。

　たとえば、就職活動の全体像を知るために、まずは「全体像」が書かれた章を選び〔本節（１）のステップ１に記した目次のテーマ例参照〕、あらためてステップ２のオーバービューからステップ４のスキミング２を行ない、続けてステップ６のレビューまでを行なうのである。

　そして、それが終わってから、次の章である「情報収集の仕方」に同じように取り組み、「エントリーシート」以降の章は、追って読むことにしてもよいのである。逆にいえば、あまり読み込んでも、まだ時期的に早すぎる内容の章があれば、このように工夫していく必要も生じるだろう。

　就職活動では、各章に書かれたそれぞれのテーマが大事になるであろうから、１章ずつよく理解して、計画的に取り組んでいきたい。

3.5
論文を読む

　論文を書こうとする人にとって、論文を数多く読んでおくことは、実に大切なことである。

　論文とはどのように書かれているのかを知るためにも、自己の専門分野における先行研究を調査するためにも、論文を日常的に読める力を身に付けておきたいものである。

　論文にもさまざまな種類があるが、読み付ける練習をするためには、いわゆる学術論文と呼ばれるもので、10ページに満たない長さのものからはじめるとよいだろう。

　リーディングハニー6つのステップの練習には、150〜200ページくらいの新書で、比較的やさしく理解できる内容の本を勧めている〔第2章2.7節（2）参照〕。その練習を終え、6つのステップに慣れてきてからでも、論文を読むときには10ページに満たない、内容も比較的やさしいものを選ぶようにしよう。6つのステップを用いて、論文を苦痛なく読めることを実感するのが大切だからである。

（1）ステップ1「プレビュー」

　論文のタイトルや執筆者名を見てから、いつ頃執筆されたのか、何ページある論文なのかを確認してみよう。

　参考文献が記されていれば、必ず目を通すようにしたい。執筆者が参考にした文献であるから、それらの論文や書籍のタイトルから、手にした論文にどのようなことが書かれていそうか（おおまかではあるが）推測できることもある。参考文献の中に、読んだことのあ

る文献を見ることもあるかもしれない。

　プレビューは、本文以外の部分から、その論文が何について書かれているのか、どんなことが書いてあるのか、見当を付けていく作業である。

　プレビューの最後には、論文全体の構成を知るために、見出しをすべてしっかりと見てみよう。これは本であれば、目次を見る作業

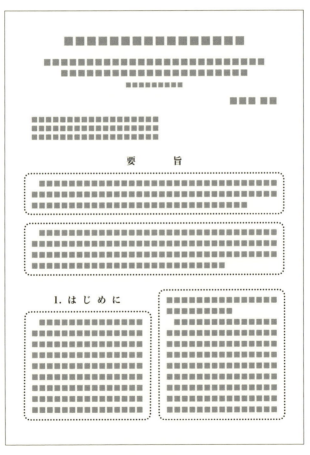

図9　論文1

に相当する。

図9には、「要旨」、「1.はじめに」という見出しがある。

見出しに書かれることには、一定のパターンがある。ある程度論文を読み付けると、それに気付き、同時に全体の構成を把握するスキルも高まってくるだろう。

参考までに、たとえば速読について研究された論文では「はじめに」以降に、「調査方法」、「調査結果」、「結果の考察」、「結論」といった見出しが続くことが多いようだ。このようなパターンに気付くだけで、新しく手にした論文を見ても、構成を把握しやすくなるものである。

（2）ステップ2「オーバービュー」

1ページずつ、はじめから終わりまで見て、「どんな言葉が使われているか」を捉える作業である。この段階では、まだ文章は読まずに、見ていくだけである。

A4サイズの用紙が使われていれば、A4用紙1ページ分を本の2ページ分と考え、A4用紙の上半分と下半分に分けて、それぞれ1秒ほどのスピードで見ていけばよい。

はじめから終わりまでを2回ほど繰り返したら、小見出しごと（図10）あるいは図9の点線枠くらいの分量ごとに、使われている言葉を見ていこう。

まだ本文を読むのではなく、文字を見ることによって、どんなことが書かれているのか見当を付けていくのである。

必要に応じて見出しを何度も見返して、全体の構成もつかんでいこう。

（3）ステップ3「スキミング1」

1回目のスキミングを行なう。指を使って進んでいき、気になる

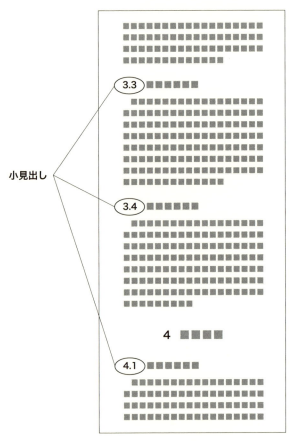

図10　論文2

　キーワード（必ずしも執筆者がキーワードとして挙げている言葉でなくても、自分が何となく気になる言葉を選べばよい）の周辺を2、3行（余程多くても5行）程度読んで、最後までそれを繰り返しながら進んでいこう。
　論文には、図や表が登場することが多いが、それらには目を通しておこう。

数行読む箇所についても、図表が意味していることも、この段階でしっかりとは理解しなくても大丈夫である。スキミングは、それを終えたときに、全体におおよそどんなことが書かれているかを知るために行なっている。
　スキミングで進んでいく最中であっても、見出しは目次を見るような感覚で、必要に応じて何度も見て、構成を捉えていこう。
　スキミングをしながら、大事だと思う箇所が見つかった場合には、ドッグイヤーをするか、チェッキングをしておくとよいだろう。

（4）ステップ4「スキミング2」

　論文から特定の質問の答えを探しているような場合、たとえば何らかの調査結果を探しているような場合や、1回目のスキミングを終えた時点で、何か知りたいことが出てきたような場合には、質問設定型で2回目のスキミングを行なおう。
　論文に述べられたポイントを一通り拾っていきたいときは、受身型のスキミングをすることになる。

（5）ステップ5「スピードリーディング」

　ステップ4を終えた段階では、手にした論文の内容について、かなり知識を得た状態になっているはずである。
　目次を見るように、見出しをしっかりと見直して、一気に読んでいこう。ペーサーとブロックを使って、できるだけラクに読んでいくことを心掛けたい。
　特定の質問の答えを探しているだけの場合は、その部分だけを読めばよいが、そうでない場合は、はじめから終わりまで、チェッキングをしながら一通り読んでいく。
　論文の場合は、書かれた内容が難しいこともあるだろう。そのためリーディングのスピードが、ゆっくりになるときがあるかもしれ

ない。しかしながら、本書で何度も説明してきた通り、スピードは読んでいる箇所によって変わるのが普通で、いくつかのスピードを使い分けて進むものであるから、そのことを念頭において、時折多少速度が落ちても心配せずに進んでいこう。

　大事な箇所だと思いつつ、あまりにも読む速度が落ちてしまう箇所があれば、必ずしもスピードリーディングの最中に読んで理解する必要はない。その場合には、チェッキングをして、先へ進んでいこう。私たちは、ステップ5の間に読んだことをすべて理解したり、それに納得したりする必要はなく、次のレビューの段階で、じっくり読み返して考えればよいのである。

(6) ステップ6「レビュー」

　チェッキングした箇所は、どのくらいあるだろうか。じっくりと読み返してみよう。レビューの段階になって読んでみたら、それほど大事なポイントに思えなかったというものがあっても構わない。大事なのかわからない部分もチェッキングするのは、普通にあることである。レビューの段階であらためて大事なのか確かめたり、読み込んだりしてみよう。

ヒント

　本節のステップ1から6の解説でも、特に時間について言及しなかったが、新書で練習をしてきた経験から、10ページに満たない学術論文では、どのくらいの時間を使うことになるのか、考えながら試してみてほしい。

　本節の冒頭でも述べたが、できるだけ自分にとってやさしいと思える論文で練習を重ねるようにしよう。いきなり難しいものや、分量の多いものにトライすると、できなくなってしまうと考えよう。

上手に取り組んでいけば、論文からポイントを読み取るスキルがみるみる身に付いてくるだろう。

3.6 学術書／専門書を読む

　本章のはじめに（章扉において）、「新書、ビジネス書、ハウツー本などは、第2章で説明したリーディングハニー6つのステップをそのまま適用できる」と述べたが、本節の「学術書／専門書」は、新書、ビジネス書、ハウツー本よりも、難しい記述が多く、且つ読みこなすために予備知識を必要とするような本を指している。
　自分の専門分野の本であれば、一般的には難しいと考えられる本でも、専門でない分野の入門書よりラクに読めることもあるのだが、ここでは学習や研究のために読む本で、なかなか簡単に読み進められない本を「学術書／専門書」と呼んでいる。
　学術書／専門書は、新書、ビジネス書、ハウツー本より難しいと書いたが、それらもリーディングハニー6つのステップで読んでいくことに変わりはない。
　しかしながら学術書／専門書を読むときには、以下の2つのことをよく思い出して取り組んでほしい。

　1つ目は、第1章1.2.8項に述べた、「難解な本」を読むときの注意点である。
　学術書／専門書は、まさに「難解な本」を読むときの注意点を意識して読むことになる。
　学術書／専門書は、総じて読みこなすのが難しいのであるが、6つのステップのステップ1から4までを行なうことで、
　「何の話か理解できている状態」をつくり出し、

「各章、各節に何が書かれているか」、
「話はどのように展開するか（＝全体の構成）」を捉える
ところまでは難なく、あるいは、それほどたいへんとは感じずに行
なうことができるはずである。

　そして、そこからはポイントを見つけて理解していくのだが、学
術書／専門書では、それらのポイントを見つけてから、理解してい
くのがたいへんなことは有り得るのである。

　したがってその場合には、それらのポイントを理解するのにそれ
相当の時間を使うことになるが、大事なのは、本の全体像（＝「各
章、各節に何が書かれているか」、「話はどのように展開するか（＝
全体の構成）」）は、先に上手く捉えてしまっていることである。

　その段階までは、学術書／専門書を読むときでも上手にこなし、
全体像を捉えた後のポイントの理解に、必要な労力を使うようにし
たい。

　〔第1章1.2.8項および第2章2.6節（2）でも、ステップ1〜
4までの時間を長く取るのではなく、ステップ5および（特に）6
において必要に応じた時間を使うことを勧めているが、ステップ5、
6にそれぞれどのくらいの（余分な）時間を使うかは、その時々で
判断してほしい。手にした本により、どのくらいの時間が適切か、
わかるようになるものである。〕

　150〜200ページくらいの新書を用いた練習期間〔第2章2.7節
（2）参照〕を終えて、（その後も、はじめのうちはできるだけやさし
い文献を勧めたいが、）学術書／専門書にチャレンジするときが来
たら、ぜひこの点に気を付けて取り組んでほしい。

　2つ目は、第2章の2.7節（1）で述べた事柄である。

　学術書／専門書のページ数が多いときは（ページ数が多ければ、
どんな本でも同じことではあるが）、6つのステップの各ステップ

の時間を長めに取ることになるだろう。

　そして、もっとじっくりと取り組みたいと思うときには、学術書／専門書の1章ごとに、ステップ2から6までを行なうこともできる。

　この方法は、それなりに時間は余分に必要になるが、各章を確実に理解するにはお勧めの方法である。もともと学術書／専門書では、章によって別のテーマといえる事柄が扱われていることもよくあるため、そのような場合には特に活用してほしい。

コラム❸

両方とも読みこなしたい

──「専攻科目あるいは基礎知識を持った分野の本」と
　「基礎知識も興味もない分野の本」

　専攻している科目といえば、自分の専門分野ということになるため、誰もが本から知識を吸収していそうに思える。しかし、実際のところ読む力が不十分で、なかなか思うように本から学べない人が多いのが現状である。

　リーディングハニーを学んだ人は、ぜひ6つのステップで読むスキルを身に付け、専門分野の本をたくさん読むのに役立ててほしい。

　たとえば、社会人院生であれば（一般の社会人も同じだが）、仕事でたずさわる分野について、本からさらに体系的に学んでほしい。必ずしも難しい研究をするよう勧めているのではない。

　もし食品の商社で営業を担当していれば、食品（といってもその範囲は広いが）に関する本や、営業についての本などは、日頃から読んで学ぶのがよいというだけのことだ。もともと本書を手に取っている人は、そうして学びたい意思があり、読むスキルを強化したい人だろう。

　それでは自分の専門分野ではなく、基礎知識も興味も持っていない分野の本についてはどうだろうか。こう聞いて、興味のない分野の本など読むのかと不思議に思うかもしれない。しかし、実はこれが本当に読む力が試される機会でもあるのだ。

　たとえば、先程の食品商社の営業担当者が、あるとき営業部

の新入社員研修も担当することになったとしよう。早速、研修のプログラムを提案しないといけないが、当社は営業部の新入社員研修を実施したことがないため、参考にできる前例がない。研修といっても、どんな事柄を扱うのが一般的なのか、頻度や実施期間はどうするものなのか、プログラムそのものはどのようにつくるのか、何もわからない。しかも、正直なことをいえば、その担当者は研修や社員教育に、ほとんど興味を持っていないとしよう。

　さあ、ここで日本企業において実施されている新入社員研修や営業研修について知るべく、数冊の本に目を通して、企画を立案するための知識を得ることができるか——これが「興味のない分野の本」を読む場面である。
　これができなければ、研修業者なりに相談し、その説明に頼ることになってしまうだろう。そのような場合には、自分が体系的に理解した上で、知りたいことを質問していくという主体性を持った調査ができないか、そうできるまでに時間がかかるだろう。
　自分で目を通す本は、難しいものでなくてよいのだ。入門者向けに書かれたわかりやすい本の全体像を捉え、大事なポイントを押さえることができればよい。
　6つのステップが使いこなせるようになってきたら、ぜひこのような「基礎知識も興味もない分野の本」をどのくらい読めるかについて考えてみてほしい。

　学生には、食品商社の営業担当者にとっての新入社員研修のように、必要に迫られてから調べるのではなく、今すぐにでも読んでおきたいことがあるはずである。
　たとえば、アカデミックスキルと呼ばれる「ノートの取り方」や

「資料検索の仕方」、「プレゼンテーションの仕方」などがその例だ。これらは我流で行なうだけで、十分なスキルを持っていない学生が多い。これらは、基礎を身に付けるのはそれほど難しくないのだが、モノにしていれば確実に役立つことで、逆にできなければ何とも頼りないといわざるを得ないことだ。

　他にも重要なテーマとして、たとえば「論文の書き方」がある。簡単な本くらいには必ず目を通しておくべきなのだが、学生が皆そうしているかというと、なかなかそのようには見受けられない。

　こうしたテーマは必須でありながらも、たいへん残念なことに、多くの学生にとって「興味のない分野」に入ることがあるようだ。

　もし、まだこうした本を読んだことがなければ、ぜひ6つのステップで取り組んでみてほしい。6つのステップに慣れてくれば、「何の話か理解して（＝全体を捉えて）」、そこから上手にポイントを見つけていくことができるはずである。

　他にも「読んだほうがいいとわかっているのに読んでいない本」があれば、それらを読んでいくためにも活用してみよう。

コラム4

上手に使い分ける

──6つのステップで読むときと、文学作品を楽しみながら読むとき

　冗談半分にではあるが、「リーディングハニー6つのステップ」は小説などの文学作品を読むのには向いていない、と指摘を受けることがある。それは6つのステップを考案した私もよくわかっているつもりである。ストーリーにどんな言葉が出てくるのか、あらかじめ何度も見たり、話の経過や結末をスキミングしたりしては、おもしろさは半減してしまうだろう。

　念のために説明しておきたいが、本書ではリーディングハニー6つのステップで本を読む必要性やその手順を紹介してはいるが、小説などのように、はじめから一字一句読んで楽しむものを6つのステップで読むように勧めているわけではない。

　私も小説やエッセイはオーバービューやスキミングはせず、はじめから一字一句読んでいくし、他にも自叙伝は、（多くの場合は6つのステップを用いるが）同じように読むものがある。

　ここでは、6つのステップで本を読み付けるようになっても、（当たり前ではあるが）はじめから一字一句という読み方を忘れるわけでもなければ、そのように読んでいけなくなるわけでもないことに言及しておきたい。6つのステップで読むスキルを持っていても、いつも必ず使わなくてはいけないわけではない。むしろ普段の大学生活では、両方を上手に使い分けてほしい。

　「使い分けること」は案外大事なことなのだ。本を読むこと以外の例で考えてみよう。

たとえば、君は人と対話（ビジネスパーソンで例に挙げれば商談）をしながら、1時間半か2時間かけてとる食事には慣れているだろうか。和食にも洋食にもいろんな種類の店があるし、それぞれの店でどう料理を楽しむのか、あるいは接待をするのかは、いずれ学んでいくことになるだろう。洗練された振る舞いができるようになりたいものである。

　それと同時に大切なのが、短い昼休みに牛丼店に駆け込んで、パッと済ませる食事だ。午前中の仕事が押してしまい、午後の商談には、自分が早めに行って準備しなくてはいけないというときに、ゆっくりとした食事しかできないという人では困ってしまうだろう。これらの両方をしっかりできる人になる必要があるのだ。

　実際のところ、6つのステップを身に付けるときには、ある程度集中的に練習を重ねるとよいため、昼間に一度6つのステップを練習して、夜は小説を一字一句読むというのは、あまりお勧めしたいことではない。練習期間中という意識があるうち、つまり6つのステップが身に付いていないうちは、「はじめから一字一句」は禁止してもいいくらいだ。

　しかし、その期間が終わったら、使い分けることを意識して、小説などの文学作品を「感じながら」楽しんで読むスタイルと両方を使っていこう。両方を自由に使い分けられるようになったときの便利さは、ぜひ実感してもらいたいものである。

本の各部分の名称

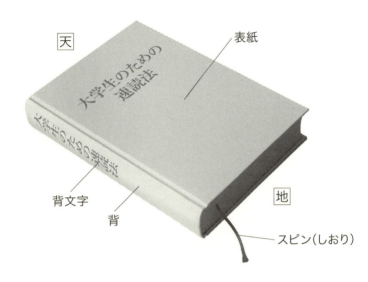

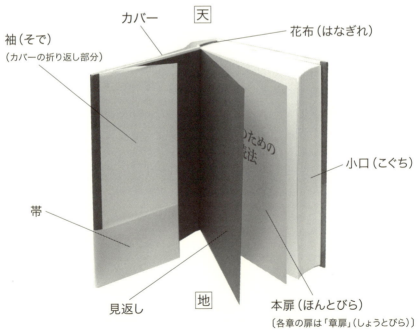

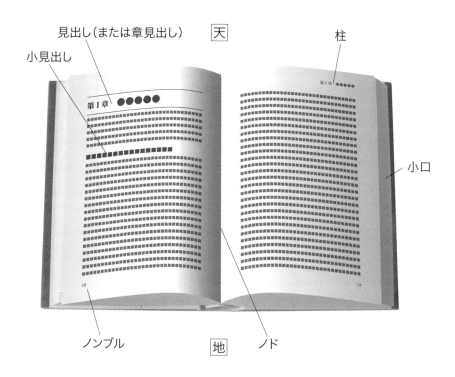

リーディングハニーについて

　本書で紹介した「リーディングハニー」は、著者の松崎久純が開発した速読法である。「リーディングハニー6つのステップ」（pp.80-81に一覧表あり）が、具体的な速読の手順である。
　リーディングハニー® および Reading Honey® は登録商標であるが、本書では®（レジスターマーク）の記載は割愛した。

Reading Honey®

●主な講義・セミナーなどの記録

　リーディングハニーの講義と演習は、2006年から民間企業における階層別研修のプログラムの一部として開始した。民間企業での講義と演習は今日でも継続して行なっている。
　教育機関では、2007年から数年間、一般社団法人中部産業連盟の経営後継者養成アカデミー（JEA）で担当したプログラムの一部で講義と演習を行なった。2008年からは、慶應義塾大学大学院システムデザイン・マネジメント研究科における授業「コミュニケーション」「チームワークと学習能力開発」の中で講義と演習を行ない、今日も継続して実施している。なお、同研究科においては、希望者を対象として「就活にいかす速読法リーディングハニー」という講座を複数回開催した。
　一般の参加者を募る公開セミナーでは、日刊工業新聞社主催のセミナー「一日でわかる『速読法リーディングハニー』6つのステップ」（2009年から）、および日刊工業新聞社と慶應義塾大学大学院システムデザイン・マネジメント研究科の共催による「慶應システム・マネジメント講座」のプログラム「究極の速読法『リーディングハニー6つのステップ』（1日コース）」（2010年から）において、それぞれ複数回ずつ講義・演習を行なった。

●これまでの出版物

・『究極の速読法──リーディングハニー®6つのステップ』（研究社、2009年。現在は電子版のみ入手可）
・「あなたの毎日がスピーディ＆アクティブに！おしごと速読術①②」（BD BUSINESS DATA、2009年6〜7月号、日本実業出版社）

【著者紹介】

松崎久純（まつざき・ひさずみ）

　1967年生まれ。速読法である「リーディングハニー」の開発者。グローバル人材育成の専門家。サイドマン経営・代表。メーカー勤務などを経て現職。慶應義塾大学大学院システムデザイン・マネジメント研究科非常勤講師。南カリフォルニア大学東アジア地域研究学部卒業。名古屋大学大学院経済学研究科修了。著書に『英文ビジネスレター＆Ｅメールの正しい書き方』『音読でマスターするトヨタ生産方式〔普及版〕――英語で話すTPSのエッセンス――』（いずれも研究社）、『増補改訂版〈CD付〉ものづくりの英語表現』（三修社）、『ビジネスエキスパートEnglish　イラストで覚える　生産現場の英語　現地スタッフに伝えたいノウハウとルール』（ジャパンタイムズ）、『好きになられる能力　ライカビリティ　成功するための真の要因』（光文社）など多数。

大学生のための速読法
読むことのつらさから解放される

2017年3月15日　初版第1刷発行

　　著　者――――松崎久純
　　発行者――――古屋正博
　　発行所――――慶應義塾大学出版会株式会社
　　　　　　　　〒108-8346　東京都港区三田2-19-30
　　　　　　　　TEL〔編集部〕03-3451-0931
　　　　　　　　　　〔営業部〕03-3451-3584〈ご注文〉
　　　　　　　　　　〔　〃　〕03-3451-6926
　　　　　　　　FAX〔営業部〕03-3451-3122
　　　　　　　　振替　00190-8-155497
　　　　　　　　http://www.keio-up.co.jp/

　　本文組版・装丁――辻　聡
　　印刷・製本――――中央精版印刷株式会社
　　カバー印刷―――株式会社太平印刷社

　© 2017 Hisazumi Matsuzaki
　Printed in Japan　ISBN 978-4-7664-2401-0

慶應義塾大学出版会

アカデミック・スキルズ（第2版）
大学生のための知的技法入門

佐藤望編著／湯川武・横山千晶・近藤明彦著　2006年の初版刊行以来、計7万5000部以上のロングセラーとなっている大学生向け学習指南書の決定版。第2版では、より読みやすく章構成を再編し、各章末には、到達度がチェックできる「テスト」を付して実用性の向上を図った。
◎4,000円

アカデミック・スキルズ
学生による学生のための
ダメレポート脱出法

慶應義塾大学教養研究センター監修／慶應義塾大学日吉キャンパス学習相談員著　実際に大学の学習相談に寄せられた質問を元に、レポート・論文執筆のポイント／学習テクニックを、大学の学生相談員が「学生の目線」から易しく解説。この一冊で、"ダメなレポート"から脱出せよ！
◎1,200円

アカデミック・スキルズ
クリティカル・リーディング入門
人文系のための読書レッスン

大出敦著　大学生が直面する「レポート」や「論文」の執筆では、「テキストを読む」力が求められる。そのときに「どうやって読んだらいいのか」、「何を論じたらいいのか分からない」といった悩みに、人文系の例題を使って答える一冊。
◎1,800円

表示価格は刊行時の本体価格（税別）です。